Michael Schroeren
KOCHEN UND BACKEN WIE VOR 100 JAHREN
Die liebsten Rezepte meiner Oma

Michael Schroeren

KOCHEN UND BACKEN
WIE VOR 100 JAHREN
Die liebsten Rezepte meiner Oma

Ochsenschwanzsuppe.

Der Ochsenschwanz wird in Stücke
geschnitten und mit Fett und mit
Zwiebeln angebraten, dann gießt
man kaltes Wasser darauf und läßt
ihn mit Suppengrün durchkochen und
dann siebt man die Brühe ab. Von
dieser Brühe bereitet man eine weiße oder braune Grundsuppe. Das Fleisch
vom Ochsenschwanz wird hineingegeben und mit Salz und nach Belieben
mit Madeirawein abgeschmeckt.

Königinsuppe.

Ein altes erprobtes Suppenrezept
sollte man noch in Stücke aus der
Brühe und Koche alles mit 1 Pfd. magerem Rindfleisch und 1 ℔ Kalbsfüßen
und das Suppengemüse. 4½ - 5 L. kaltes
Wasser. Sobald das Fleisch gar ist wird
es herausgenommen. Das Fleisch außer Brühe

Die erste Seite aus Oma Resis Koch- und Backbuch mit Rezepten für Ochsenschwanzsuppe und Königinsuppe.

INHALT

KOCHEN UND BACKEN WIE VOR 100 JAHREN — 3

INHALT — 7

DIE KÖCHIN UND DER KELLNER — 9

SUPPEN — 19

FISCH — 24

TUNKE — 27

GEMÜSE- UND KARTOFFELSPEISEN — 32

SALATE — 34

MEHL- UND EIERSPEISEN — 36

EINGEMACHTES — 42

PUDDING, AUFLAUF — 44

KUCHEN — 51

PLÄTZCHEN — 53

GETRÄNKE — 62

REZEPTE-INDEX — 68

Familie Wehres/Nicasius aus Mönchengladbach

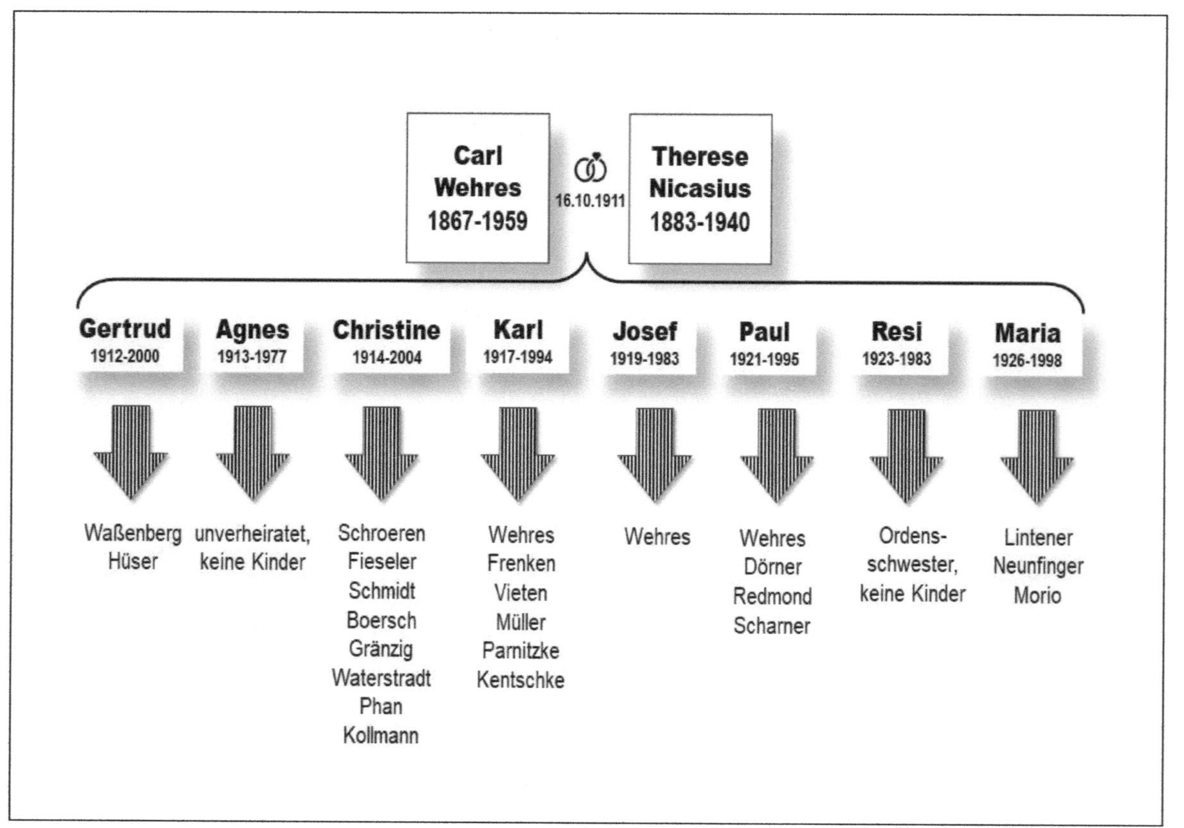

DIE KÖCHIN UND DER KELLNER

Kochbücher werden, anders als Kriminalromane, gewöhnlich nicht von der ersten bis zur letzten Seite geschmökert, sondern nach Bedarf durchgeblättert, meist auf der Suche nach einem bestimmten Rezept. Nicht so bei dieser kleinen Rezepte-Sammlung. Denn es geht hier nicht um die raffiniertesten Ideen für Quiche Lorraine, Chili con Carne oder Spaghetti Bolognese; auch nicht um den letzten Schrei aus der zeitgenössischen Spitzengastronomie. Sondern um ganz normale Dinge wie «Gehirnsuppe», «Scheiterhaufen», «Hafergrützesuppe» und andere Köstlichkeiten, die uns heute nicht ohne Weiteres in den Sinn kämen, geschweige denn in den Mund. Aber vor 100 Jahren, als diese Rezepte geschrieben wurden, aßen die Menschen anders und manch Anderes als heute.

Genau darin liegt der Reiz dieses Büchleins. Es gibt uns einen kleinen Geschmack davon, was damals bei den «einfachen Leuten» auf den Tisch kam und wie es zubereitet wurde. Mehr noch: Die formelhafte Kochbuchprosa («Man nehme…») verrät viel über das Alltagsleben vor mehr als einem Jahrhundert.

Ich entdeckte dieses kleine Koch- und Backbuch vor Jahren im Nachlass meines Großvaters. Doch lange hatte ich die kleine schwarz-graue Kladde, 14 cm breit, 21 cm hoch, 100 Blatt in stabilem Kartoneinband, nicht beachtet, bis sie mir neulich beim Stöbern wieder in die Finger fiel. Ich begann, die in altdeutscher Sütterlin-Schrift aufgeschriebenen Rezepte zu entschlüsseln – und schon öffnete sich vor meinen Augen ein spannender Blick in die Alltagswelt zu Beginn des letzten Jahrhunderts.

Über 200 Rezepte sind in dieser Kladde versammelt – in fein säuberlicher Handschrift, mit blauer Tinte. Ein vorgegebenes Register am rechten Buchrand ordnet die Back- und Kochanleitungen in 13 Abteilungen, von «Suppen» über «Salate» und «Eingemachtes» bis zu «Verschiedenes».

Doch nicht jede Abteilung enthält Rezepte. Besonders auffällig: In den Registern «Fleischspeisen» und «Braten» befindet sich kein einziges Rezept. Was dürfen wir daraus schließen? War das Kochbuch vielleicht für Vegetarier gedacht? Sicher nicht, denn dann fänden sich darin nicht so viele Rezepte mit Speck und Fisch. Wahrscheinlicher ist, dass üppige Fleischgerichte und fette Braten aus finanziellen Gründen nicht zum alltäglichen Speiseplan der Autorin gehörten. Stattdessen finden sich Rezepte für sehr einfache, zum Teil deftige Gerichte mit Zutaten, die einen Grundsatz der sparsamen Haushaltsführung zeigen: Alles, was nur irgendwie genießbar ist, wird in der Küche verwertet und zu etwas Essbarem aufbereitet. Und was für den Tag nicht benötigt wird, wird für später konserviert, also eingekocht oder «eingemacht». Auch dazu finden sich in diesem Buch Anleitungen: von «Mix-Pickles» bis «Essig-Pflaumen».

Eine gesonderte Registerabteilung ist der Zubereitung von «Tunken» gewidmet – ein Wort, das mittlerweile fast völlig aus unserem Sprachgebrauch verschwunden ist, weil es dem neudeutschen «Dip» Platz machen musste, worunter jedoch nichts anderes verstanden wird als eine dickflüssige Substanz, in die man etwas – nun ja – einzutunken hat.

Interessant sind auch die Einblicke, die dieses Kochbuch in die damalige Koch- und Küchentechnik gibt. So ist statt von «schwacher Hitze» auf Gasherd oder Ceranfeld durchweg die Rede vom «Feuer» des alten Küchenherds, das je nach Rezept mal «gelinde», mal «mäßig», aber grundsätzlich da zu sein hatte. Und wenn etwas leise vor sich hin köcheln oder einfach nur warm bleiben sollte, dann wurde es «an die Seite» gestellt, wo die Herdplatte weniger heiß war. Oder es kam in die sogenannte «Kochkiste», die damals zur Standard-Ausrüstung eines Haushalts gehörte wie heute die Mikrowelle, und deren Einsatz auch in diesem Rezeptbuch an der einen oder anderen Stelle empfohlen wird.

Bei *Wikipedia* wird die Kochkiste beschrieben als «ein wärmedämmend ausgekleidetes Behältnis, in das einzelne Töpfe mit

erhitzten Speisen eingestellt werden können, damit diese dann ohne weitere Energiezufuhr über einen Zeitraum von Stunden fertig garen». Dieses hocheffiziente Energiespargerät, so erfahren wir weiter, verdanke seine Entstehung und Verbreitung dem gegen Ende des 19. Jahrhunderts verbreiteten Bemühen, breiten Schichten der Bevölkerung Möglichkeiten zu sparsamem Wirtschaften zu zeigen. Die Kochkiste «erleichterte auch die Haushaltsführung berufstätiger Frauen, die morgens die Speisen kurz aufkochen und diese während ihrer Abwesenheit in der Kochkiste fertig garen lassen konnten.»

Von wem stammt nun diese kleine Rezepte-Sammlung? Die Kladde selbst gibt darauf keine Antwort, denn sie trägt an keiner Stelle den Namen eines Autors. Dennoch ist ziemlich sicher, dass es von Therese Nicasius (1883-1940), meiner Oma Resi, geschrieben wurde. Die in Silverbeck, einem Ortsteil von Niederkrüchten (Kreis Viersen), geborene Ehefrau des Kellners Carl Wehres (1867-1959) war gelernte Köchin, und das ist den Rezepten auch anzumerken. Da hat jemand nicht irgendwo abgeschrieben, sondern notiert, was er in seiner eigenen Praxis als Hausfrau oder Köchin selbst erprobt hat.

Für die Autorenschaft von Therese spricht aber auch der Fundort des Buches. Es befand sich nämlich in jener kleinen Holzkiste, in der Carl Wehres die persönlichen Dinge aufbewahrte, die ihm die wichtigsten und liebsten waren: Urkunden, Zeugnisse, Rosenkränze, Fotos, Briefe und Bilder seiner Kinder, Schreibutensilien – und seine Pfeifen.

In seinem Notiz- und Haushaltsbuch notierte Carl Wehres in zwei dürren Sätzen das Kriegsschicksal seiner Familie.

Diese kleine Schatztruhe hielt er stets griffbereit, so dass er sie im Falle eines Bombenalarms mit in den Keller nehmen konnte. Und so gelang es der kleinen Kiste, sämtliche Wirren und Katastrophen des Krieges zu überstehen, auch jene verhängnisvolle Bombennacht des Jahres 1944, in der auch das Haus in der Mönchengladbacher Sofienstraße 30 zerstört wurde, in welchem die Familie Wehres wohnte. Dazu findet sich folgender Eintrag in Carls Notizbuch, das er ebenfalls in seiner Kiste aufbewahrte:

«Am 10.9.1944 in M.Gladbach ausgebombt, d.h. ausgebrannt, mit uns die ganze Sofienstr., sozusagen alles verloren, etwas Wäsche und einige Sachen (Kleinigkeiten) übrig geblieben. In Helenabrunn beim Schwager Konrad Hendelkens mit drei Mädchen Aufnahme gefunden.» (Siehe Abbildung Seite 13.)

Jesus — Maria — Josef

Eine Frau, die den Herrn fürchtet, sie wird gelobt werden und ihre Kinder preisen sie selig.

✝

Zum Andenken an

Frau Carl Wehres
Therese geb. Nicasius

welche am 19. Februar 1940 abends 11,30 Uhr vom lieben Gott in die ewige Heimat abberufen wurde.
Geboren am 26. Januar 1883 zu Niederkrüchten, vermählte sie sich am 17. Oktober 1911 mit Carl Wehres zu einer glücklichen Ehe, welche von Gott mit 8 Kindern gesegnet wurde. Sie war allezeit eine treue Gattin, eine liebevolle Mutter, bemüht ihre Kinder christlich zu erziehen. Wegen ihres frohen, selbstlosen Wesens war sie überall beliebt.
Wir bitten um ein Gebet für die liebe Verstorbene, damit sie eingehe in den ewigen Frieden.

Mein Jesus Barmherzigkeit.

Der Totenzettel für Therese Nicasius. Sie wurde wie alle verheirateten Frauen der damaligen Zeit quasi als Anhängsel des Ehemanns definiert und dementsprechend „Frau Carl Wehres" genannt. Das Heiratsdatum 17.10.1911 bezieht sich auf den Tag der kirchlichen Trauung.

Konrad Hendelkens, der Ehemann von Carls Schwester Christine, besaß ein Haus an der Heimerstraße in Viersen-Helenabrunn, das den Ausgebombten vorübergehend Platz bot.

Therese Wehres sind diese Schrecken des Krieges erspart geblieben. Sie starb bereits am 19. Februar 1940 – im «Hauptbahnhof, Wartesaal 3. Klasse», von Mönchengladbach, nachts um 23:30 Uhr, wie die Sterbeurkunde festhält. Sie wurde nur 57 Jahre alt.

Über ihr Leben ist ansonsten wenig überliefert. Allerdings finden sich in Carls hölzerner Schatzkiste zwei kleine, scheinbar bedeutungslose Dokumente, deren Zusammenhang sich erst erschließt, wenn man sie nebeneinander legt. Bei dem einen Dokument handelt es sich um eine Bescheinigung, mit der Therese aus der Ortsgruppe der «Marianischen Jungfrauen-Congregation» in Burgwaldniel abgemeldet wird, datiert auf den 16. Oktober 1906 (siehe Abbildung unten).

Was für ein merkwürdiger Verein war das? Ortsgruppen dieser «Marianischen Jungfrauen-Congregation» bildeten sich ab Ende des 19. Jahrhunderts in zahlreichen katholischen Pfarreien als kirchliche, kulturelle und gemeinnützige Vereinigungen für schulentlassene und unverheiratete junge Frauen. Ihr Ziel war vor allem die sittlich-religiöse Indoktrinierung ihrer Mitglieder nach streng-katholischen Regeln und entsprechend einfältiger Marienverehrung.

Auch in Burgwaldniel bestand seit dem 8. Dezember 1904 eine Gruppe der Congregation. Zu deren Gründungs mitgliedern zählte ausweislich der «Abmelde-Bescheinigung» vom 16. Oktober 1906 auch die damals 21jährige Therese Nicasius. Offenbar wohnte sie mit ihrer Familie zu diesem Zeitpunkt in Waldniel (siehe Abbildung S. 17)

Das zweite Dokument ist ein Arbeitszeugnis für Carl Wehres, ausgestellt von dem Hotelier Ferdinand Fuesers in Burgwaldniel am 1. August 1909, in dem bestätigt wird, dass Carl «längere Jahre» in Fuesers Hotelbetrieb als Kellner ausgeholfen habe. Was lässt sich aus diesen beiden Quellen schließen?

Zunächst einmal, dass sich Carl und Therese unabhängig voneinander zur selben Zeit in Burgwaldniel aufhielten. Gesichert ist (laut Heiratsurkunde) zudem, dass Therese den Beruf einer Köchin erlernt hatte. Dass sie just bei jenem Betrieb in die Lehre ging, wo auch der Aushilfskellner Carl Wehres «längere Jahre» arbeitete, ist zumindest nicht unwahrscheinlich. Es gibt guten Grund zu der Annahme, dass die junge angehende Köchin Therese Nicasius und der 16 Jahre ältere Kellner Carl Wehres sich in den Nuller-Jahren des 20. Jahrhunderts bei Fuesers in Burgwaldniel kennenlernten.

Dieses «Zeugniß» verrät, dass Carl Wehres zu Beginn des 20. Jahrhunderts «längere Jahre» in Burgwaldniel im Hotelbetrieb Fuesers als Aushilfskellner gearbeitet hat. Höchstwahrscheinlich lernte er in dieser Zeit seine spätere Ehefrau Therese Nicasius kennen, die damals eine Lehre als Köchin in Burgwaldniel absolvierte, vielleicht im selben Hotel. Der vollständige Text lautet: «Dem Herrn Carl Wehres aus Neuwerk bestätige ich hiermit auf Wunsch gerne, daß derselbe längere Jahre bei Festlichkeiten bei mir, zu meiner größten Zufriedenheit, ausgeholfen hat. Ich wünsche demselben zu seinem weiteren Fortkommen das allerbeste. Ferd. Fuesers, Hôtelier. Burgwaldniel, d. 1. Aug. 1909.»

Auf den Tag genau fünf Jahre, nachdem sich Therese von der Burgwaldnieler Jungfrauen-Congregation abgemeldet hatte, ging sie mit ihrem Carl in Mönchengladbach zum Standesamt, um ihn zu heiraten – am 16. Oktober 1911. Aus ihrer Ehe gingen acht Kinder hervor (siehe Grafik auf Seite 8 und das Foto auf Seite 18), wofür sie von den Nazis ungefragt das 1938 erfundene «Mutterkreuz» in Gold um den Hals gehängt bekam, das im zeitgenössischen Volksmund mit Recht als «Rammelbalken» oder als «Kaninchenorden» verspottet wurde.

Für diese Broschüre wurde das handschriftlich angefertigte Kochbuch von Therese Wehres vollständig übertragen. Die Kapitel folgen dem Register des Originals. Orthografische Fehler wurden nicht durchgängig nach der aktuellen Rechtschreibung korrigiert, der Text wurde weitgehend unverändert übernommen.

Ich habe vor Veröffentlichung nicht versucht, Oma Resis Rezepte erst mal selbst auszuprobieren. Ich bin kein besonders

«Abmelde-Bescheinigung» für Therese Nicasius aus der Burgwaldnieler Ortsgruppe der «Marianischen Jungfrauen-Congregation» wegen Umzugs. Zog sie mit Carl Wehres nach Neuwerk?

geschickter Hobbykoch und von Nähr- und Kalorienwerten verstehe ich nichts. Deshalb an dieser Stelle eine Art Disclaimer: Für die Verständlichkeit der Rezepte und vor allem für die Bekömmlichkeit des danach Angerichteten übernehme ich keinerlei Haftung! (Zwinker-Smiley)

Und eine Triggerwarnung sei zum Abschluss vorsorglich ausgesprochen: In diesem Heft wird an einigen Stellen das «N-Wort» verwendet. Diese Stellen wurden im Interesse einer wortgetreuen Dokumentation des Originals nicht verändert.

Michael Schroeren
Berlin, im Juli 2024

Carl Wehres im Kreise seiner acht Kinder an seinem 80. Geburtstag 1947. In der vorderen Reihe sitzend (von links nach rechts): Christine (1914-2004), Vater Carl (1867-1959) und Gertrud (1912-2000). Hintere Reihe: Agnes (1913-1977), Josef (1919-1983), Resi (1923-1983), Karl (1917-1994), Maria (1926-1998) und Paul (1921-1995).

SUPPEN

Ochsenschwanzsuppe

Der Ochsenschwanz wird in Stücke geschnitten und mit Fett und mit Zwiebeln angebraten, dann gießt man kaltes Wasser darauf und lässt ihn mit Suppengrün durchkochen und dann siebt man die Brühe ab. Von dieser Brühe bereitet man eine weiße oder braune Grundsuppe. Das Fleisch vom Ochsenschwanz wird hineingegeben und mit Salz und nach Belieben mit Madeirawein abgeschmeckt.

Königinsuppe

Ein altes vorbereitetes Suppenhuhn haut man roh in Stücke, außer der Brust, und kocht alles mit 1 Pfund magerem Rindfleisch und 1 Pfund Kalbsfüßen, etwas Suppengemüse, 4½-5 Liter kaltes Wasser. Sobald das Fleisch gar ist, wird es herausgenommen. Das Fleisch, außer der Brust, wiegt man mit 15 Gramm abgezogenen, geriebenen, süßen Mandeln recht fein, gibt es in einen Topf, gibt 2 Esslöffel Butter dazu und 3 Eigelb, füge 40-50 Gramm gekochten Reis hinzu, ein Zehntel Liter süßen Rahm oder Weißwein und streicht dann alles durch ein Sieb. Das

Durchgestrichene gibt man an die durchgesiebte Suppe (Brühe) sowie das in Streifen geschnittene Fleisch des Brustbeins und reicht in Butter geröstete Semmel hinzu.

Gehirnsuppe
Ein Kalbsgehirn wird gewässert, von den Häuten befreit, mit Butter, kleingeschnittenen Zwiebeln, Salz und Pfeffer auf dem Feuer breiig gerührt. Dann schwitzt man 3 Esslöffel Mehl in der Masse, gießt ½ Liter Bouillon auf, seiht die Suppe durch und legt Blumenkohlröschen hinein. Wenn dieselben gar sind, kann man die Suppe anrichten.

Sauerampfer-Suppe
¼ Pfund Sauerampfer wird von den groben Stielen befreit, gewaschen, mit Wasser weich gekocht und durchgestrichen, in 30 Gramm Butter geschmort, mit Wasser oder Brühe aufgegossen, mit Mehl gebunden, gesalzen und nach Belieben mit Eigelb legiert, oder mit in Viertel geschnittenen Eiern versehen.

Biersuppe
1. *Mit Mehl und Milch gebunden.*
   Wenn 1 Liter Milch kocht, bindet man es mit 20-30 Gramm Kartoffelmehl oder 40 Gramm Weizenmehl, und gibt kurz vor dem Essen
   ¼ Liter Bier hinzu, das nicht durchkochen darf. Nach Belieben Zucker und Zimt.
2. *Mit Ei legiert*
   Man legiert an die vorherbeschriebene Suppe Eigelb.
3. *Mit Einlagen*
   Statt mit Mehl zu binden kann man in kochende Milch, Reis,
   Gries, Sago[1] usw. einstreuen und Bier hinzugeben.
4. *Mit Eischnee*
   In allen Fällen kann man Eischnee hinzugeben.

Süße Suppen
Rhabarber, Erdbeeren, Kirschen, Pflaumen, Heidelbeeren, Weintrauben, Hagebutten und Äpfel. Äpfel werden von Stil und Blüte befreit, in
kleine Stücke geschnitten und mit dem Kernhaus und Wasser zum Kochen gebracht. Weich gekocht durch ein Sieb geschlagen. Dann wieder
zum Kochen gebracht, nach Bedarf mit Wasser verdünnt, mit Mehl gebunden oder mit anderen Einlagen versehen und mit Zucker und Zimt
abgeschmeckt. Man kann auch Anissamen hineingeben, oder auch in
Butter gebräunte Semmelbröckchen.

Weißweinsuppen
Man nimmt ½ Liter kochendes Wasser, dieses wird mit 30 Gramm Kartoffelmehl oder 40 Gramm Weizenmehl gebunden und mit ½ Liter
Wein ergänzt und mit Zucker abgeschmeckt. Statt des Mehles kann
man andere Einlagen nehmen. Nach Belieben mit Eigelb legieren oder
mit Eischnee abziehen.

Wein-, Bier- und Obstsuppe
1 Liter Wein, ¾ Liter Wasser wird mit Zitronenschale oder einer Zimt-
stange angekocht und mit 80 Gramm Kartoffelmehl eingedickt, etwas
Zucker und Salz hinzugeben und mit 2 Eigelb und Schneebällchen
fertig gemacht.

---

[1] Sago ist ein aus dem Mark der Palme gewonnenes Bindemittel. Die kleinen weißen SagoPerlen
sind im Gegensatz zu Gelatine komplett vegan.

Weinschaumsuppe

4 Eier, ¼ Pfund Zucker, ¾ Liter Wasser, 1 Zitronenschale, ½ Liter Weißwein, 50 Gramm Mondamin. Alle Zutaten werden kalt verrührt und auf dem Feuer abgeschlagen.

Apfelsuppe

Äpfel und Weißbrot werden mit Wasser gar gekocht und durchgerührt. Dann gibt man gekochte Rosinen, Zimt, etwas Zucker und geriebenes Schwarzbrot hinein und macht die Suppe mit Eigelb und Schnee fertig.

Hafergrütze-Suppe

250 Gramm beste Grütze mit 3 Liter Wasser stark kochen, Salz und Zucker nach dem Durchsieben. Zur Verfeinerung 3 Esslöffel gestoßene Mandeln.

Getreidemehlsuppe

Aus Sago, Tapioka[2], Gerste, Graupen, Gries, Hafer, Mais oder aus den Mehlen wie Reis, Hafer, Gerstenschleimmehl, Maizena, Mondamin. Im allgemeinen 100 Gramm Mehl auf 1¼ Liter Wasser unter Zusatz von etwas Butter und Salz gekocht.

Blumenkohlsuppe

Ein mittelgroßer Blumenkohl wird in Salzwasser abgekocht, so dass er ganz bleibt. Sodann nimmt man ihn vorsichtig heraus. Das Zurückgebliebene gibt man durch ein Sieb. In der Brühe gibt man helle Einbrenne von 1 Esslöffel Butter und Mehl. Dann gibt man die Röschen hinein, Eigelb und Salz dazu.

Spargelsuppe

Dünner Spargel wird geschält, in kleine Stücke geschnitten und in Salzwasser gekocht. Dann gibt man eine helle Einbrenne von Butter und Mehl hinzu. Lässt dieses gut durchkochen. Mit gerösteten Bratwürfel anrichten.

---

[2] Tapioka oder Tapiokastärke ist eine nahezu geschmacksneutrale Stärke, die aus der bearbeiteten und getrockneten Maniokwurzel hergestellt wird.

Französische Suppe

Verschiedenes Gemüse wie Oberkohlrabi, Möhren, Wirsing, Spargel, Blumenkohl, Erbsen, Sellerie, Petersilie und Porree schneidet man in zierliche Stückchen und lasse es in Brühe gar kochen. Dann gibt man eine Buttereinbrenne und das nötige Salz hinzu.

Tomatensuppe

2 Pfund Tomaten werden in Scheiben geschnitten, mit 60 Gramm Butter gedämpft, mit Bullion aufgefüllt, 1 Stunde gekocht, durchgerührt und mit Mehl sämig gemacht. Mit Salz und Sahne abgeschmeckt.

Frühlingssuppe

In Fleischbrühe gibt man junges Gemüse, wie Spargel, Blumenkohl, junge Erbsen, Bohnen, Weißkohl und Suppengrün. Wird in zierliche Stückchen geschnitten und weich gekocht, mit Mehl wird die Suppe sämig gemacht und mit Salz und Muskat abgeschmeckt.

Lauchsuppe mit Kartoffeln und Reis

2 Pfund geschälte Kartoffeln schneidet man in feine Scheiben und lässt sie mit 4-5 sorgfältig gewaschenen und in 2 cm lange Stücke geschnittenen Lauchstangen verkochen. Nach 20 Minuten gibt man noch 4 Esslöffel Reis daran. Gewürzt wird mit Salz, etwas Muskat und Suppenwürze. Wer will, kann auch ein Stückchen Rindfleisch mitkochen und nachher hineinschneiden. Im Sommer gibt man, nachdem die Suppe vom Feuer genommen ist, noch ein wenig gehackten Kerbel hinzu.

FISCH

Fisch-Auflauf

In Salzwasser abgekochte Makkaroni lässt man gut abtropfen und löst inzwischen den gekochten Fisch sorgfältig aus Haut und Gräten. Dann fettet man eine Auflaufform gut aus, schichtet lagenweise Makkaroni und den in kleine Stücke zerteilten Fisch hinein. Die letzte Lage müssen Makkaroni sein und übergießt das Ganze mit folgender Soße. In zerlassener Butter lässt man einige Löffel Mehl ohne, dass sie Farbe nehmen, durchdünsten, rührt mit einem Teil des Wassers, worin die Makkaroni abgekocht sind, eine glatte Soße und lässt diese gut durchkochen. Zum Schluss schmeckt man mit Salz und Pfeffer ab und verfeinert mit etwas geriebenen Käse und Maggi. Der Auflauf muss ¾ Stunde backen. Statt Makkaroni kann man auch Kartoffel nehmen.

Gebratener Schellfisch

2-2½ Pfund großer Schellfisch wird geschuppt, gut mit Salz eingerieben, mit Zitronensaft beträufelt. Auf jeder Seite mit zwei Reihen Speck gespickt. In einer Pfanne gibt man Butter, legt den Fisch auf der Bauchseite hinein, gibt etwas Semmelbrösel, Petersilie und sauren Rahm dazu und bratet ihn unter fleißigem Begießen 40-50 Minuten in gut geheizter Röhre.

Fischragout

1 Pfund Fisch, Salzwasser, 40 Gramm Butter, 1 Zwiebel, 30 Gramm Mehl, Milch, Salz, Pfeffer. Gekochter Fisch wird entgrätet in Stücke geschnitten. Die fein geschnittenen Zwiebeln werden hellgelb in Butter geschwitzt, man gibt Mehl hinzu, füllt es mit Fischwasser und Milch auf, bis man eine dicke Tunke hat, schmeckt mit Salz und Pfeffer ab und lässt die Fischstücke in der Tunke heiß werden.

Fischklops
1 Pfund Fisch, 1 Ei, 1 Scheibe Brot, Kapern. Fisch fein hacken, mit Salz, Pfeffer, Ei und Weißbrot vermischen, zu runden Bällchen formen und in Salzwasser 10 Minuten kochen lassen. Tunke: 40 Gramm Butter, 30 Gramm Mehl, Fischbrühe, 1 Teelöffel Kapern, etwas Zitrone.

Fisch-Puffer
Abgekochter Schellfisch oder Kabeljau werden sorgfältig von Haut und Gräten befreit und durchgedreht. Dann vermengt man die Fischmasse mit einigen geriebenen rohen Kartoffeln, 2 Esslöffeln Mehl, 2 Eier, 1 Zwiebel und gewiegter[3] Petersilie, schmeckt mit Salz und Pfeffer ab und bäckt kleine runde Puffer.

Gefüllte grüne Heringe
Die gewässerten Milchen[4] der Heringe wiegt oder schabt man fein, gibt Salz, Pfeffer, in Butter geschwitzte Zwiebeln, Petersilie, 1 ganzes Ei und gesiebte Semmel dazu, das Abgeriebene einer Zitronenschale, füllt dieses in die Heringe, aus denen man die Gräten entfernt hat, träufelt in schräge Einschnitte einige Tropfen Maggisoße, taucht sie in dickflüssige Eierkuchen und reicht sie zu Salzkartoffeln mit Sardellensoße.

Klops von grünen Heringen
Ausgelöstes Heringsfleisch wird wie in vorstehendem Rezept gemischt, aber mit 2 Eiern und reichlich Semmel. Dann formt man einen länglichen Braten, bestreut ihn reichlich mit Pfeffer und spickt mit Speck, wendet in Stoßbrot und brät an allen Seiten braun an, gibt wenig kochendes Wasser hinzu, lässt zugedeckt weich dünsten.

Heringe in Sülz
4 grüne oder gewässerte Heringe, ¾ Liter Wasser, Zwiebeln, Gewürz, Suppengrün, 12 Blatt Gelantine.[5] Die Heringe kommen in das kochende Wasser, das mit obigen Beigaben kalt aufgesetzt wurde. Man lässt sie

---

[3] Gewiegt, alt für (mit Wiegemesser) zerkleinert.

[4] Milchen sind das Sperma von männlichen Heringen, die vor dem Ablaichen gefangen werden. Sie werden traditionell bei Fischgerichten für die Herstellung von Saucen und Marinaden verwendet, können aber auch für kleine Gerichte gedünstet oder gebraten werden.

[5] Im Rezeptbuch wird Gelatine durchgängig als „Gelantine" bezeichnet.

einmal aufkochen, dann ziehen. Die Brühe seiht man durch, verrührt
sie mit Gelantine und gießt sie über die Fische, die in einer Form geord-
net wurden.

Feine Petersilien-Buttersoße
In einem Töpfchen in heißem Wasser zerlässt man 100 Gramm Butter
und rührt so lange, bis sie „Blasen wirft", worauf man 1-2 Esslöffel
Fischkochwasser, sowie einen Teelöffel feingewiegte Petersilie beifügt.

Pikante italienische Fischsoße
Ein hartgekochtes feingewiegtes Eigelb verrührt man mit einem
Eidotter, einem Teelöffel Senf, einen Esslöffel reines Tafelöl, Salz, Pfef-
fer nach Geschmack.

TUNKE

Helle Grundtunke

60 Gramm Butter, ¾ Liter heiße Brühe, 1 Zwiebel, Salz, 60 Gramm Mehl, 2 Esslöffel klein geschnittenes Suppengemüse. Butter und Mehl wird hell geröstet. Dann gibt man unter beständigem Rühren erst etwas kalte, dann die heiße Brühe, lässt unter Rühren aufkochen, fügt alle andern Zutaten hinzu und lässt sie an der Seite[6] ¼ Stunde kochen. Nachdem man sie durch ein Sieb gestrichen hat, wird sie zu den verschiedensten Tunken verwendet, vornehmlich zu Frikassees und allen hellen Fleischgerichten.

Braune Grundtunke

Es werden dazu die Zutaten wie bei der weißen Grundtunke verwendet. Auch die Bereitung ist dieselbe, nur dass Butter, Mehl und Zwiebeln braun geröstet werden. Verwendet wird sie zu Rind und Hammel, Wild, Geflügel und Ragouts.

Zwiebeltunke

60 Gramm rohen Schinken, 120 Gramm Zwiebeln, etwas Salz lässt man in ¾ Liter Grundtunke 10 Minuten kochen, streicht die Tunke durch ein Sieb und rührt 3 Esslöffel Sahne dazu.

Heringstunke

4 entgrätete, gewässerte, fein gehackte Heringe wird in ¾ Liter heiße weiße Grundtunke gegeben. Die Tunke darf nicht mehr kochen. Sie wird mit Sahne und Zitronensaft abgekocht.

---

[6] „an der Seite" des mit Holz oder Kohle befeuerten Küchenherds, wo die Hitze mäßig ist.

Sardellentunke
100 Gramm Sardellen werden entgrätet und fein gehackt. In ¾ Liter Grundtunke werden die Gräten abgekocht. Die Tunke durch ein Sieb gestrichen. Die fein gehackten Sardellen und 2 Zwiebeln und 20 Gramm Butter wird hinzugefügt.

Tomatentunke
In ¾ Liter Grundtunke wird 300 Gramm[7] durch ein Sieb gestrichen. Tomaten hinzugeben mit etwas Salz, Muskat und süße Sahne fertig gemacht.

Meerrettichtunke
Das Quantum des Meerrettich richtet sich nach der Schärfe desselben. Man lässt Butter im Topf zergehen, gibt den geriebenen Meerrettich und lässt ihn 5 Minuten dämpfen. Dann gibt man Brötchen, die man eingeweicht hat und durchgedreht, hinzu und füllt mit Fleischbrühe auf, macht die Tunke mit Salz, Zitronensaft, Zucker und Eigelb fertig.

Senftunke
¾ Liter Grundtunke wird mit Senf, Essig, Salz und Zucker abgeschmeckt.

Holländertunke
Man macht eine helle Röstung von Butter und Mehl, füllt mit Fleischbrühe auf, gibt Salz und Muskat dazu und macht sie mit Eigelb und Sahne fertig.

Senfbutter
100 Gramm gebräunte Butter kommen mit 100 Gramm Senf, 1 Esslöffel Zitronensaft, 1 Esslöffel gehackte Petersilie, 1/8 Liter Fleischbrühe, 2 Eigelb, 1 Prise Senfmehl und wird in einem Topf bis zum Kochen geschlagen.

Frikassee-Tunke
In ¾ Liter weiße Grundtunke werden 3 entgrätete Sardellen und 6 vorgerichtete und zerschnittene Champignons aufgekocht. Nachdem man

---

[7] 300 Gramm von welcher Zutat? Das verrät uns die Autorin dieses Rezeptbuchs leider nicht. Da hilft nur Phantasie und Ausprobieren.

Zitronensäure, Wein und Butter darunter gerührt, fügt man noch Kapern hinzu und legiert die Tunke mit Eigelb.

Champignon-Tunke
In ¾ Liter weißer durchgestrichener Tunke werden ¼ Pfund zerschnittene Champignons durchgekocht. Dann rührt man Zitronensäure, 20 Gramm frische Butter darunter und macht mit Eigelb fertig.

Tunke zu Sülze
Eigelb wird mit Senf, Zucker und gutem Öl verrührt, nach Belieben wird etwas Zitronensaft hinzugegeben.

Feine Erdbeertunke
500 Gramm durchgestrichene Erdbeeren werden mit ¼ Liter Madeirawein, 125 Gramm Zucker und den Saft einer Zitrone vermischt und bis kurz vor dem Kochen geschlagen. Man reicht sie zu warmen feinen Puddings.

Feine Tunke zu Plumpudding
Man verrührt 5 Eigelb, 5 Esslöffel Apfelgelee mit 2-3 Löffel gutem Kognack, bis alles leicht flüssig wird. Dann gibt man 1 Tasse dicke süße Sahne hinzu und schlägt die Tunke kochend heiß, worauf die Tunke zu Tisch gegeben wird.

Hagebutten-Tunke
125 Gramm getrocknete Hagebutten, 1/8 Liter Wasser, 1 Esslöffel Zitronensaft, 8 Gramm Mondamin, Zucker nach Geschmack. Die Hagebutten werden gut geweicht und gewaschen, in Wasser langsam gar gekocht. Dann streicht man sie durch ein Sieb, gibt Zucker und Zitronensaft hinein und bringt die Tunke wieder zum Kochen, zuletzt wird sie mit Mondamin verdickt.

Weintunke
¼ Liter Wasser, ¼ Liter Äpfel, Mosel- oder Rheinwein, 25 Gramm Mondamin, Zucker nach Geschmack. Das Verhältnis zwischen Wasser und Wein kann nach persönlichem Geschmack genommen werden. Das Wasser wird gekocht mit dem Mondamin angesämt. Der Wein hinzugegossen und dann Zucker hinzugegeben.

Weinschaumtunke (für 6 Personen)
3 ganze Eier und 2 Eigelb, 100 Gramm Zucker. Der Saft und die ganz
dünn abgeriebene Schale einer Zitrone oder Apfel und ¼ Liter Mosel-
wein werden mit einer Drahtrute tüchtig geschlagen, bis die Masse
schaumig und dick. Man kann die Masse auch auf dem Feuer schlagen,
darf jedoch nicht kochen. Der Weinschaum wird als Tunke zu warmen
Puddings und andern Mehlspeisen serviert. Jedoch kann er auch in
Tassen oder Gläser als selbständige Nachspeise serviert werden. Ver-
feinern kann man die Tunke, wenn man kurz vor dem Servieren 1 Gläs-
chen guten Wein beifügt, die Tunke soll fertig möglichst bald zu Tisch
gebracht werden.

Zitronenschaumtunke
Wird ebenso bereitet wie Weinschaumtunke, nur nimmt man Wasser
statt Wein und fügt den Saft einer Zitrone und die auf Zucker abgeriebene Schale einer Zitrone hinzu.

Meerrettichsauce.

Das Quantum des Meerrettich richtet sich nach der Schärfe desselben. Man läßt Butter im Topf zergehen gibt den geriebenen Meerrettich u. läßt ihn 5 Min. dämpfen. Dann gibt man Brötchen die man eingeweicht hat u. durchgedrückt hinzu und füllt mit Fleischbrühe auf, macht die Sauce mit Salz, Zitronensaft, Zucker u. Eigelb fertig.

Senfsauce.

Wie Grundsauce wird mit Senf, Essig, Salz u. Zucker abgeschmeckt ist.

Holländersauce.

Man macht eine helle Röstung von Butter u. Mehl, füllt mit Fleischbrühe auf, gibt Salz u. Muskat dazu u. macht sie mit Eigelb u. Sahne fertig.

Senfbutter.

100 gr gebräunte Butter, Pommern mit 100 gr Senf, 1 EßL. Zitronensaft, 1 EßL

Gemüse, Kartoffelspeisen

Salate

Mehl- u. Eierspeisen

Eingemachtes

Pudding, Auflauf

Backwerk

Getränke

GEMÜSE- UND KARTOFFELSPEISEN

Rotkraut mit Äpfel
Das feingeschnittene Kraut wird mit etwas Fett, einen Löffel Zucker und Apfelstückchen und ½ Tasse Essigwasser 2 Stunden auf schwachem Feuer weich gedünstet. Dann stäubt man Mehl daran, gibt Salz dazu, Wasser oder Fleischbrühe, kocht es nochmals auf.

Weißkraut mit Kümmel
Weißkraut wird in Viertel geschnitten. Die dicken Rippen heraus, gewaschen, in heißem Wasser schnell abgekocht und auf ein Sieb gegeben. Die Kochbrühe hebt man auf. Das Kraut wird fein gewiegt. Unterdessen lässt man Mehl in Fett dämpfen, füllt mit der Krautbrühe auf, gibt Salz und Kümmel dazu und lässt das Ganze mit dem Kraut eine Viertelstunde lang kochen.

Bayrisches Kraut
Das Kraut fein geschnitten, gewaschen auf dem Sieb abtropfen lassen. Etwas Schweinefett, 2 Esslöffel Zucker, und eine kleine Zwiebel feingeschnitten, gelb bräunen, dann den Saft einer Zitrone und 2 Esslöffel Essig dazu. Das Kraut hinein, Salz und Wasser, weich dämpfen, Mehl daran stäuben und mit Fleischbrühe auffüllen.

Sellerie-Gemüse
Sellerieköpfe werden solange gewaschen und gebürstet, bis sie ganz weiß werden, dann werden sie in Salzwasser weich gekocht, schält sie ab und schneidet sie in Scheiben. Butter und Mehl röstet man hellgelb,

füllt mit Selleriebrühe auf, macht sie mit Zucker, Salz, Zitronensaft schmackhaft. Schinken passt vorzüglich zu diesem Gemüse.

Käsekartoffeln

In der Bratpfanne lässt man Speckwürfelchen aus, lässt ebenso viel Palmin wie Speckfett mit heiß werden und gibt rohe, geschälte und in Scheiben geschnittene Kartoffeln hinein. Unter einem Deckel lässt man diese Kartoffelscheiben 10 Minuten braten, dann wendet man sie zum erstenmal und streut Hartkäse, am besten Schweizerkäse, darüber. Der Käse wurde vorher in ganz feine Blättchen zerschnitten, diese in möglichst kleine Stücke zerteilt. Man kann ihn auch reiben. Der Käse soll nicht direkt mit dem Pfannenboden in Berührung kommen, sondern mehr in indirekter Wärme schmelzen. Erst zuletzt rührt man alles durcheinander und bringt die Käsekartoffeln mit Salzgurken oder Essigbeilagen auf den Tisch.

SALATE

Heringssalat (für 6 Personen)
Zutaten: 3-4 Heringe, ½ Pfund Karotten, 2 große Salzgurken, ½ Pfund
Kartoffel, ½ Pfund Äpfel, Bratenreste, Zwiebeln, Nüsse, Tunke, Ka-
pern, hartgekochtes Ei. Verarbeitung: Die gewässerten und gesäuber-
ten Heringe schneidet man in ganz kleine Würfel, ebenfalls alle übrigen
Zutaten. Man beträufelt sie mit Salz, Essig und lässt durchziehen. Zur
Verzierung hart gekochte Eier und Petersilie, auch Mayonnaise.

Delikatess-Salat
1 Pfund Kartoffeln, ½ Pfund Äpfel, 50 Gramm Essiggurken, 1 Zwiebel,
¼ Pfund Kalbsbraten oder Schinken, 2 gewässerte Heringe, 3 Esslöffel
Essig, etwas Salz, zumachen wie beim anderen Salat.

Festtagssalat
Kartoffelsalat bildet die Unterlage. Ein kleiner weich gekochter Blumenkohl in der Mitte mit Mayonnaise umgeben. Der Rand wird abwechselnd mit Tomatenscheiben, Eierstückchen und Blumenkohlröschen belegt und mit Salatblättchen garniert.

Italienischer Salat
125 Gramm Kalbsbraten, ¼ Pfund Äpfel, 125 Gramm Schinken oder
Zunge, 1 Gurke, ¼ Pfund Kartoffel, einen halben Sellerie. Alle Zutaten
schneidet man in ganz feine Streifen, beträufelt sie mit Essig und lässt
durchziehen.

Spargelsalat

Die dünnen Spargel werden geschält und in 4-5 cm lange Stückchen geschnitten. Man setzt sie mit viel kochendem Wasser auf und nimmt sie, wenn sie weich sind, mit einem Schaumlöffel heraus. Etwas Spargelbrühe vermischt man mit Essig, feinem Speiseöl und Zucker nach Geschmack. Gießt diese Soße über die noch heißen Spargelstücke, lässt das ganze erkalten, rührt etwas gehackten Petersilie hinzu und serviert den Salat mit kaltem Fleisch.

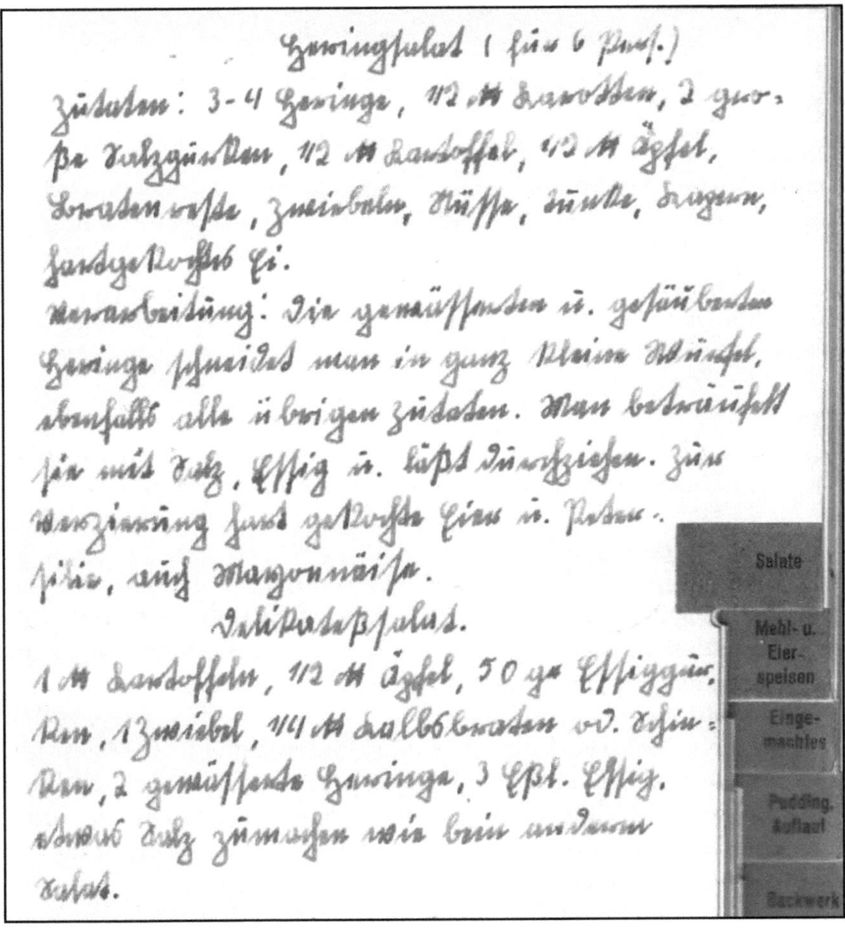

MEHL- UND EIERSPEISEN

Omelette
Das Weiße von 4 Eiern wird zu Schnee geschlagen. Das Eigelb wird mit einem Esslöffel Zucker, nach Belieben auch Zitronensaft, tüchtig gerührt und mit dem Schnee gemengt. Man bringt Butter in die Pfanne, rührt die Masse hinzu und backt sie gar. Man kann auch etwas Rum hinzutun. Dann bestreut man das Omelett mit Zucker, legt Gelee zwischen und klappt es zusammen.

Crepes
125 Gramm Butter, 250 Gramm Zucker, 4 Eier, 1½ Pfund Mehl, etwas Vanille, 1 Päckchen Backpulver, Butter schaumig rühren.

Crepes auf andere Art
100 Gramm Butter, 1 Pfund Zucker, 5 Eier, ¼ Liter sauren Rahm, Vanillezucker, 1 Päckchen Backpulver, 2½ Pfund Mehl. Butter schaumig rühren, das andere dazugeben, dann den Schnee und das Mehl gut darunter verarbeiten. Vor dem Ausrollen den Teig kaltstellen.

Schwammklöße
In einer Tasse gibt man 2 Eigelb, in einer anderen gibt man das Eiweiß. 2 Eigelb werden gut verrührt, gibt Salz, Muskat, 1 Teelöffel Mehl und Maggi hinein. Eiweiß wird zu Schnee geschlagen und durchgerührt. Dann gibt man es auf die kochende Suppe, gibt den Deckel darauf und lässt es 3 Minuten kochen.

Mehlschmarren

Man macht einen dickflüssigen Pfannkuchenteig. Inzwischen lässt man
Fett heiß werden, gibt den Teig hinein und lässt ihn backen. Man zer-
reißt den Schmarren mit einer Gabel, bis er fein bröcklich und leicht
gebräunt ist. Vor dem Anrichten streut man Zucker darüber.

Scheiterhaufen

Man belegt den Boden einer Auflaufform mit dünnen Weißbrotschnit-
ten, die man vorher in Milch, welche mit Ei, etwas Zucker und Salz
verrührt ist, getaucht hat, streut Rosinen dazwischen und legt lage-
weise das Brot, bis die Form voll ist, streut Weckmehl und gibt Butter-
flöckchen drüber, im heißen Rohr backen.

Profiten

Weißbrot oder Brötchen schneidet man in zentimeterdicke Scheiben, je
2 aufeinanderlegen, streicht Marmelade dazwischen und klappt sie zusammen, wendet sie in gesüßter Milch und dann in einem guten Pfannkuchenteig und backt in Fett goldgelb, bestreut sie dann mit Zucker.

Pflaumenklöße

2-3 Pfund Pflaumen, für einen Brandteig ½ Liter Flüssigkeit, 50 Gramm
Fett, 1 Pfund Mehl, 2 Eier, etwas Salz. Wenn ziemlich erkaltet, in eine
Rolle ausrollen, Stückchen schneiden, in die Mitte eine Pflaume, gut
zusammendrücken, in Salzwasser abkochen, in gefettete Brösel panie-
ren, gut mit Zucker bestreuen.

Polsterzipfel (für 10 Personen)

400 Gramm Mehl, 30 Gramm Butter, 2 Eier, Salz, etwas Backpulver,
Milch oder Rahm. Hieraus macht man einen weichen Strudelteig, rollt
ihn 2 mm dünn aus, schneidet in beliebige Formen, backt in schwimmendem Fett, bestreut mit Staubzucker.

Käseringe (Vorspeise)

¼ Liter Milch, 120 Gramm Butter, 150 Gramm Mehl, 3 Eier, 6 Esslöffel
geriebenen Käse. Brandteig. Ringe auf ein gefettetes Blech spritzen, mit
Ei bestreichen und Käse bestreuen, dann goldgelb backen.

Schinkenreifen

Man nimmt 1/8 Kilo Schinken und wiegt es fein. 1 Eigroß Butter, 1 Löffel Mehl und 1/8 Liter sauren Rahm wird am Feuer glattgerührt, noch etwas erkalten, mit 4 Dottern, den Schinken und 2 Eischnee vermengt in einer Reifenform in Dunst gekocht, mit verschiedenen Gemüsen oder auf Pilzen serviert.

Warm gefüllte Eier

3 Eier, 20 Gramm Butter, Champignon, Petersilie, Salz, Pfeffer, Brösel, Tomaten, Porree. Eier werden hart gekocht, die Dottern durch ein Sieb gedrückt, mit Butter gut gerührt, die Zutaten beigegeben, wieder gefüllt, auf der Platte angerichtet und Tomatentunke darüber gegeben.

Gefüllte Eier

Einige hartgekochte Eier schneidet man durch, nimmt die Eidotter heraus, verrührt die Hälfte derselben mit einigen gehackten Sardellen, einem Stückchen gehackter Pökelzunge oder Schinken und einer rohen Eidotter. Von den übrigen Dottern rührt man mit etwas Senf, Öl, Essig, Salz und Pfeffer eine dickliche Soße, so dass man eine ziemlich gebundene Füllung erhält, füllt dieselben in die ausgelösten Eierhälften und gibt die übrige Soße darüber. Gibt man sie nach der Suppe, dann kann man sie verschiedenartig füllen, z.B. Fischfüllung oder eine feingeschnittene Kalbsmilch oder Hühnerdragen[8].

Eier im Schlafrock

Wasser, Salz, Essig lässt man zum Kochen kommen, die Eier aufgeschlagen und schnell hineinfallen lassen, dann 4 Minuten kochen.

Verlorene Eier auf Tomaten

Halbierte Tomaten, aus denen die Kerne entfernt sind, werden mit Salz und Pfeffer angemacht. In jede Tomate wird ein verlorenes Ei eingelegt und mit Kopfsalat garniert.

Englisch verlorene Eier

Man röstet Brotschnitten und belegt sie je mit einem verlorenen Ei.

---

[8] Die Bedeutung von „Hühnerdragen" konnte nicht ermittelt werden.

Verlorene Eier mit Speck
Man röstet Brotschnitten, belegt sie mit geschnittenen, gebratenen Speckscheiben oder sonstiges Fleisch, z.B. Gehacktes, Wurst usw., legt ein verlorenes Ei oder Spiegelei darauf. Mit Salat ein Abendessen.

Eier in Senftunke
Man kocht die Eier 4-5 Minuten, schält, schneidet sie in der Länge nach durch, richtet sie in Senftunke an.

Napoleon-Eier
Tomaten werden ausgehölt, gewiegt und leicht gedämpft. Schinken wird ganz klein geschnitten, angebraten und in die Tomaten gefüllt, dann ein verlorenes Ei draufgesetzt und mit gut gewürzter Soße übergossen. Vorspeise, oder mit Brot und Salat ein Abendessen.

Genfer Eier
Tomaten werden halbiert, gewürzt und gedämpft, mit verlorenen Eier belegt und mit Mayonnaise übergossen. Mit Bohnensalat serviert eine Vorspeise.

Gebackene Teigerbsen mit Weinschaumsoße
1/8 Liter Milch, 75 Gramm Butter, 1 Teelöffel Zucker, Zitrone, 3 Eier, 100 Gramm Mehl. Aus allen Zutaten macht man einen Brandteig, den man auskühlen lässt, dann zu kleinen Kugeln und dann in heißem Fett goldgelb backen, wenn abgetropft in eine Glasschüssel geben. Darüber gibt man Weinsoße. ¼ Liter Wein, 2 Esslöffel Zucker, 1 Teelöffel Mondamin.

Brandteig
¼ Liter Wasser, 50 Gramm Butter, 150 Gramm Zucker, Mehl, 3-4 Eier, 1 Teelöffel Backpulver. Davon einen Brandteig machen, dann gleich ein Ei darunter rühren, etwas abkühlen lassen. Dann die andern Eier darunter geben. Kleine Kuchen spritzen und in heißem Fett backen.

Eier im Himbeermantel
1 Liter Milch wird mit 4 Esslöffeln Zucker und der abgeriebenen Schale einer Zitrone zum Kochen gebracht. Inzwischen verrührt man 4 Esslöffel Mondamin mit ein wenig Milch und zwei Eidottern und rührt diese Masse zu der kochenden Milch. Aufkochen lassen. Nun zieht man lose

den Schnee der Eier hindurch und füllt die Masse in Eierbecher, die
man vorher mit kaltem Wasser ausgespült hat. Nach dem Erkalten werden die Becher auf eine Schüssel gestürzt und die Eier mit Himbeersaft
oder einer Weinsoße übergossen.

Kloß auf Obst

Dieses ist wenig bekannt, aber ein sehr bequemes und schmackhaftes
Gericht. Man kocht zunächst Mischobst in reichlich Wasser und mit
Zucker fast weich. Inzwischen weicht man 375 Gramm Zwieback, auch
altes Weißbrot oder Kuchenreste kann man verwenden, in etwas Milch
und Wasser. Es muss ziemlich steif bleiben. Man rührt nun einen guten
Stich Butter mit 3-4 Eigelb, 2 kleine Löffel Mehl und das Eingeweichte
gut untereinander, gibt dann etwas Salz und den Eiweißschaum dazu.
Diesen Kloß gibt man auf das Mischobst und lässt ihn fest zugedeckt ½
Stunde kochen.

Grießmehlbällchen

Zutaten: ½ Liter Milch, 1 Teelöffel voll Butter (25 Gramm), 150 Gramm
Grießmehl, 3 Eier, 50 Gramm Zucker, ½ Päckchen Backpulver, etwas
Salz.
Zubereitung: Man lässt die Milch mit der Butter kochen, streut das
Grießmehl hinein und rührt, bis sich die Masse vom Topf löst. Ist sie
etwas erkaltet, gibt man Eigelb, Zucker, Salz, Backin und zuletzt den
Eierschnee hinzu. Man formt Klöße aus der Masse, rollt sie in gestoße-
nem Zwieback und backt in heißem Fett.

Mehlklöße

Zutaten: 250 Gramm Weizenmehl, ½ Pack Backin, 2 Eier, geröstete
Bröckchen von einer Semmel, etwas Milch, eine Prise Salz.
Zubereitung: Mehl, mit dem Backin gemischt, Eier, Bröckchen und Salz
verarbeitet man mit soviel Milch, wie eben zu einem fetten Teig nötig
ist. Dann formt man mit einem tiefen Löffel, den man vorher in kochendes Wasser eintaucht, 3 runde Klöße, die man nacheinander in schwach
kochendes Salzwasser legt und 20 Minuten kochen lässt. Die Klöße
müssen langsam aufgehen, deshalb muss das Wasser, wenn die Klöße
darin sind, an der Seite des Herdes langsam wieder zum Kochen kommen und während dieser Zeit, etwa 5 Minuten, zugedeckt werden.
Kocht das Wasser dann wieder, nimmt man den Deckel vom Topfe und

dreht die Klöße einige Male um. Die letzte Viertelstunde müssen sie offen kochen. Die Klöße schmecken auch vorzüglich zu Braten aller Art als Ersatz für Kartoffeln. Vorzüglich schmecken sie auch mit brauner Butter und Obst.

Dampfnudeln
Zutaten: 350 Gramm Weizenmehl, 2 Eier, 25 Gramm Zucker, 1 Prise Salz, ¾ Päckchen Backpulver, 1 Tasse Milch.
Zubereitung: Man bereitet aus dem mit Backin gemischten Mehl, den Eiern, Zucker und Salz einen fetten Teig. In einer Pfanne lässt man etwas Butter zum Einfetten zergehen, gießt etwa 1 Zentimeter hoch Milch hinein und setzt, wenn selbige kocht, den Teig in 4 Häufchen hinein. Man stülpt eine gut schließende Emaille-Schüssel über die Pfanne und backt die Dampfnudeln bei mäßigem Feuer gar in etwa 15 Minuten. Erkaltet kann man die Nudeln in Scheiben schneiden und mit Marmelade oder Butter bestreichen und mit Obst oder Vanille-Soße essen.

EINGEMACHTES

Mixed Pickles

Blumenkohlröschen, kleine Gurken, Perlzwiebeln, Schalotten, Böhnchen, Karotten, Tomaten, Kohlrabi usw., am meisten nimmt man Blumenkohl, Gurken und Zwiebeln. Blumenkohl wird sauber geputzt und dann 5 Minuten lang gekocht. Karotten, kleine grüne Bohnen, alles wird 5 Minuten gekocht. Recht kleine Gurken möglichst nach der Blüte abpflücken. Tomaten grün oder etwas angefärbt. Charlotten und Perlzwiebeln dazu. Alles in eine Schüssel geben und scharf salzen, einige weiße Pfefferkörner, Lorbeerblatt, ein wenig Dill, einige grüne Weintrauben und etwas Meerrettich. Man lässt die Mischung eine Nacht stehen, füllt dann alles schön in Gläser gelegt, so dass das Ganze ein schönes Aussehen hat, das Gewürz entfernt man. Man füllt rohen Essig über dies Gemüse, aber nicht zu scharf.

Senfgurken

Große gelbe Gurken werden geschält, durchgeschnitten von den Kernen befreit, in bestimmte Stückchen geschnitten und gesalzen, 24 Stunden stehen lassen, dann abgetrocknet. Man füllt sie nun in einen Topf und gibt schichtweise Gurken, Pfefferkörner, Senfkörner, Meerrettich, Paprikaschoten, Perlzwiebeln, dann schüttet man abgekochten kalten Essig darüber und bindet den Topf zu.

Pfeffergurken

Kleine Gurken werden gut gewaschen, gesalzen und 24 Stunden stehen lassen, dann abgetrocknet, schichtweise in einem Topf gelegt.

Gurkenrollen

Große Schlangengurken werden ungeschält kreuzweise durchgeschnitten und mit einem Obstmesser von den Kernen befreit. Man kocht sie in gewöhnlichem Essig halbweich, dann werden auf 1½ Kilo Gurken ½ Liter Essig, 450 Gramm Zucker und 2 ganze Muskatblüte aufgekocht. Diese Gurken werden aufgerollt und mit Nelken durchstochen, dass die Röllchen zusammenhalten und nach dem Kochen mit Zuckeressig bedeckt. Nach 3 Wochen wird der abgegossene Essig tüchtig eingekocht und wieder über die Gurken gegossen, die immer gut bedeckt sein müssen.

Essig-Pflaumen
6 Pfund Pflaumen, 2½ Pfund Zucker, 15 Gramm Zimt, 8 Gramm Nelken, $1^1/_8$ Liter Essig. Die Pflaumen werden lagenweise in den kochenden Essig gelegt. Einige Minuten, dann schnell herausgenommen auf eine Schüssel. Abgekühlt ins Glas. Der Saft wird eingekocht und erkaltet auf die Pflaumen gegeben. Nach 4 Tagen gießt man den Essig ab, kocht ihn nochmals ein und gibt ihn über die Früchte.

Tomatenbrühe
10 Pfund Tomaten rot, 6 Esslöffel Salz, 1 Pfund Einmachhülfe. Die Tomaten werden gewaschen, von Blüte und Stiel befreit und in Stücke geschnitten, ohne Wasser auf den Herd bringen und mit dem Salz kochen. Vom Beginn des Kochens an ½ Stunde in offenem Topf kräftig kochen lassen. Vom Herd nehmen und die Einmachhülfe darunter geben. Nun in ausgeschwefeltem Topf oder Glas oder Flaschen füllen. Verwendbar für Suppe, Soße. Hält sich sehr lange frisch. Wenn man Schale und Kerne nicht gerne hat, dann nach dem kochen durch ein Sieb schlagen, dann die Brühe nochmals aufkochen lassen. Einmachhülfe stets zum Schluss unterrühren.

Tomaten grün
1 Kilo Tomaten grün, ¼ Liter Wasser, 1 Pfund Zucker, ½ Liter Weinessig. Die Tomaten werden halb durch geschnitten in kochendem Essig gebracht, darin weich gekocht und auf ein Sieb zum Abtropfen gebracht. Der Zucker wird mit dem Wasser ¼ Stunde gekocht. Die Tomaten darin glasig kochen lassen. Nun gibt man die Tomaten in ein Glas, schüttet die Zuckerlösung darüber und bindet nach dem Erkalten zu.

PUDDING, AUFLAUF

Süßer Nudelpudding
200 Gramm Einfadennudeln, 80 Gramm Zucker, 60 Gramm Butter oder
Fett, 2/3 Liter Milch, 2-3 Eier, 1 Prise Salz, Zitronenschale. Die Milch
wird zum Kochen gebracht, die zerbrochenen Nudeln hineingegeben
und langsam ziehen lassen, bis alle Flüssigkeit aufgesogen ist, dann erkalten lassen. Butter, Zucker, schaumig rühren. Der erkaltete Brei mit
dem Eigelb tüchtig dazu gerührt, zuletzt den steifen Schnee lose unter-
gezogen. In vorbereitete Form wird der Pudding 1 Stunde im Wasserbad gekocht, gestürzt mit Frucht oder Weintunke serviert oder Kom-
pott dazu gereicht.

Caramell-Creme
½ Pfund Zucker, ½ Liter Milch, 1/8 Liter Wasser, 6 Eigelb, ½ Liter
Schlagsahne, 12 Blatt Gelantine. Den Zucker lässt man goldgelb werden, gibt das Wasser bei. Von der Milch und den Eigelb kocht man eine
Creme mit Vanille-Geschmack, dann die Gelantine mit dem Caramel
vermengt darunter geben, zuletzt den Schlagrahm.
Einfache Art: Kann man an Stelle von Schlagsahne Schnee nehmen, auch
weniger Eier und etwas Maizena an dessen Stelle. ¾ Liter Milch, 200
Gramm Zucker, 50 Gramm Maizena, 5 Eier, Vanille, Schnee.
Guter Caramel: ½ Liter Milch, 6 Eier, 100 Gramm Zucker schlagen, in
eine Form, die mit gebranntem Zucker ausgegossen ist, und 1 Stunde
in Wasserbad kochen.

Gekochte Weincreme

6 Eigelb mit 6 Löffel Zucker verrührt, ¼ Liter Wein auf dem Feuer zu
einer dicken Creme abgerührt. 6 Blatt Gelantine aufgelöst hinein und
den Schnee darunter mengen, wenn die Creme etwas abgekühlt ist.

Kalte Weincreme

6 Eigelb mit 6 Löffel Zucker schaumig rühren, dann ein ½ Liter Wein,
Zitronensaft, 6 Blatt Gelantine, Schnee.

Gekochte Buttercreme

4 ganze Eier mit 120 Gramm Vanillezucker auf dem Feuer zu einer dicken Creme gerührt, weiter schlagen bis sie ganz erkaltet ist, löffelweise
120 Gramm Butter dazu gerührt.

Russische Creme

1 Eigelb, 4 Löffel Zucker schaumig rühren. 4 Esslöffel Rum, Eiweiß
und Schlagrahm.

Kaffee-Creme

100 Gramm Kaffee, 1 Tasse aufgebrüht, 5 Eigelb, nach Belieben Zucker,
zu einer dicken Creme gekocht und erkaltet Schlagrahm dazu.
Dieselbe kalt: Eigelb und Zucker schaumig rühren, den Kaffee hinzu,
Gelantine und Schlagrahm oder Schnee.

Schokoladen-Creme

1 Liter Milch wird gekocht, darunter rührt man 25 Gramm Kakau, lässt
dieses aufkochen, gibt 60 Gramm Vanillezucker hinzu und 1 Prise Salz,
zuletzt den Eischnee.

Rhabarber-Creme

Rhabarber wird gekocht und durch ein Haarsieb gestoßen, dann den
Saft zum Kochen gebracht. Unter dem kochenden Saft rührt man auf 1
Liter 60 Gramm Vanille, Mondamin. Das lässt man aufkochen, fügt unter ständigem Rühren Zucker mit Eigelb schaumig gerührt darunter,
dann den Eischnee.

Rhabarber-Creme (auf andere Art)

Unter 60 Gramm Mondamin, die mit etwas Wasser glatt gerührt ist,
quirlt man 3 Eigelb, Zucker nach Geschmack und 1½ Pfund fertiges
Rhabarberkompott. Das Ganze schlägt man über gelindem Feuer bis

zum Kochen, gibt dann den Eischnee darunter und stellt sie zum Erkalten.

Zitronen-Creme

4 Eigelb mit 4 Esslöffel Zucker werden schaumig gerührt, dann gibt man den Saft von zwei Zitronen und das abgeriebene der Schale. Dann löst man 12 Blatt Gelantine und gibt sie, wenn abgekühlt, in die Masse. Wenn es anfängt zu stocken hebt man den Schnee darunter.

Apfel-Creme

Geschälte Äpfel werden gekocht und durch ein Haarsieb getrieben, dann löst man 10 Blatt Gelantine, gibt es darunter und stellt es kalt. Wenn gut kalt, den Schlagrahm darunter heben. Zucker nach Geschmack.

Apfelcreme (auf andere Art)

Äpfel werden im Backofen gebacken und durch ein Sieb gerührt, dann rührt man Zucker hinzu, 1-2 Eier zu Schnee schlagen, etwas Zitronensaft und das Abgeriebene einer Schale, mischt die Äpfel mit Quark durch.

Stachelbeer-Creme

Frische Stachelbeeren werden gut gewaschen und in Wasser gekocht. Dann rührt man Zucker, Zimt, eine Handvoll geschnittene Mandeln, 2 Eier mit Wein und etwas Mehl darunter.

Erdbeer-Creme

Die Erdbeeren werden ganz klein gestoßen und durch ein Haarsieb gerührt, man fügt ziemlich Zucker hinzu und mischt den Schnee von mehreren Eiern darunter.

Vanille-Creme

½ Liter Milch, ¼ Pfund Zucker, 1 Stange Vanille lässt man unter stetem Rühren kochen, dann 5 Eigelb hinzu, etwas Gelantine und das zu Schnee geschlagene Eiweiß.

Juliana-Creme

2 Eier mit Esslöffel Zucker schaumig rühren. 2 große Esslöffel Weichkäse durch ein Sieb gedrückt dazugeben und etwas Rosinen oder Korinthen, die man in heißem Wasser hat quellen lassen. 2 Blatt weiße Gelantine auflösen, darunter geben und kalt stellen.

Quarkküchlein

1 Pfund Weichkäse, 100 Gramm Mehl, 1-2 Eier, 1 Prise Salz, Zucker nach Geschmack, Gelee. Zubereitung: Quark, am besten von Buttermilch, wird durch ein Haarsieb gestrichen, mit den übrigen Teilen vermischt und in der Pfanne von beiden Seiten goldgelb gebacken, mit Gelee bestrichen und zu Tisch gereicht.

Quarkspeise

Weichquark, geriebenes Brot, Gelee, Zucker. Zubereitung: Der abgeschmeckte Quark wird abwechselnd mit geriebenem Brot und Gelee in eine Glasschüssel gefüllt und dann zu Tisch gegeben.

Quarkkeulchen

500 Gramm Mehl, 40 Gramm Hefe, 1/8 Liter Milch, 2 Eier, 250 Gramm Quark, 60 Gramm Zucker, 1 Zitronenschale, Fett oder Öl zum Backen, 60 Gramm Butter. Zubereitung: Alle Zutaten zusammen kneten. Nachdem der Teig gegangen ist, Bällchen formen, nochmals aufgehen lassen, dann in schwimmendem Fett backen und mit Zucker bestreuen.

Quarkbrötchen

1 Pfund Mehl, 1 Pfund Quark, 40 Gramm Hefe, $^1/_8$-¼- Liter Milch, 50 Gramm Butter, Ei zum bestreichen, etwas Salz. Zubereitung: Alle Zutaten zusammen kneten, Brötchen formen, aufgehen lassen und braun backen.

Quarkhörnchen

100 Gramm Quark, 100 Gramm Mehl, 50 Gramm Zucker, 50 Gramm Butter, Salz, Marmelade zur Füllung. Zubereitung: Alle Zutaten zusammen kneten und ausrollen. Vier- oder Dreiecke davon schneiden, mit Marmelade bestreichen, zu Hörnchen zusammenrollen, aufgehen lassen und backen.

Erdbeerzwiebäcke

Erdbeeren werden gewaschen, mit einem Löffel zerdrückt, mit Zucker vermischt und dick auf Zwiebäcken aufgeschichtet, die man in dem Erdbeersaft ziehen lässt. Man kann vor dem Auftragen frischgeschlagene Sahne über die Zwiebäcke geben.

Reisgelee

Muss am Tage vorher zubereitet werden. ½ Pfund Reis brühen, in 1 Liter Wasser langsam kochen. Dann ein Viertel einer Zitronenschale und eine halbe Tasse Wasser klar kochen, mit dem Reis vermischen, den Saft der Zitrone dazugeben. 1 Esslöffel Rum oder Arrak[9].

Reisküchlein

¼ Pfund Reis brühen, waschen, am Morgen mit ½ Liter Wasser, etwas Salz mit 2 Brühwürfeln aufsetzen. Nach 10 Minuten Kochdauer zum Quellen in die Kochkiste[10]. Mittags rührt man 30 Gramm Fett und 1 Ei darunter, gibt Muskatnuss dazu und legt mit einem kleinen Löffel kleine Küchlein in heißes Backfett.

Reisberg

½ Pfund Reis, 1 Liter Milch, 20 Gramm Butter, 80 Gramm Zucker, 1 Prise Salz. Reisbrei kochen, dann auf eine feuerfeste Platte eine Lage Reis, eine Lage Apfelkompott und säuerliche Marmelade oben auf Reis, 3 Eiweiß zu Schnee schlagen, 120 Gramm Zucker darunter. Die Masse auf den Reisberg streichen und kurz überbacken.

Reisspeise mit Apfelwein und Sultaninen

Abendspeise für Kinder. ¼ Pfund Reis waschen, über Nacht mit Tasse Wasser, 1 Tasse Apfelwein und 60 Gramm Zucker einweichen. Am nächsten Tag mit dieser Flüssigkeit langsam 5 Minuten ankochen, eine halbe Tasse gut gereinigte Sultaninen dazugeben, zum Ausquellen in die Kochkiste geben, dann in eine mit kaltem Wasser ausgespülte Form. Nach 3 Stunden stürzen.

---

[9] Arrak, aus reinem Palmsaft oder Zuckerrohr und Reismaische destillierte Spirituose mit 35–70 Volumenprozent Alkohol.

[10] Unter einer Kochkiste versteht man ein wärmedämmend ausgekleidetes Behältnis, in das einzelne Töpfe mit erhitzten Speisen eingestellt werden können, damit diese dann ohne weitere Energiezufuhr, über einen Zeitraum von Stunden, fertig garen.

Spanischer Reis

Reis waschen, trocknen, in heißem Öl in flacher Pfanne rösten. Dann gibt man feingeschnittene Zwiebeln, Paprika, Tomatenmark, Knoblauch, Lorbeer und Nelke dazu, dämpft alles mit heißer Gemüsebrühe in einer verschließbaren Form 1-1½ Stunden. Beim Anrichten streut man Käse oder Kräuter über den Reis. Zu Gemüse ein wohlschmeckendes Gericht.

Feine Reisspeise

¾ Pfund Reis, in Milch und Vanille gekocht, in die man 100 Gramm Butter mit 200 Gramm Zucker gegeben hat. Man löst 6 Blatt Gelantine auf und mischt sie mit Schlagsahne in den ausgekühlten Reis, füllt die Masse den Reisrand und stürzt ihn nach einigen Stunden auf eine runde Platte. Der Rand wird mit eingemachten Früchten verziert.

Arme Ritter

Weißbrot, 1-2 Eier, ¼-½ Liter Milch, 1 Esslöffel Mehl, 1 Prise Salz, 80 Gramm Fett zum Backen. 2 Esslöffel Zucker und Zimt, 1 Ei, Mehl und Milch wird tüchtig miteinander verrührt. In dieser Flüssigkeit lässt man das in Scheiben geschnittene Weißbrot weichen. Auf beide Seiten hellbraun backen und mit Zimt und Zucker bestreuen.

Schneckennudeln

1 Pfund Mehl, 3/8 Liter Milch, 40 Gramm Hefe, 1-2 Eier, 50 Gramm Butter, 5 Esslöffel Zucker, 30 Gramm Rosinen, Zimt, 1 Prise Salz. Das Mehl wird gesiebt, mit einem Teil desselben und der erwähnten Milch und der ganzen Hefe wird ein Vorteig hergestellt. Ist derselbe gegangen, so kommen Eier, Salz, den Rest der Milch, das gesiebte Mehl und alles wird zu einem leckeren Teig verknetet. Man rollt ihn auf, bestreut den Teig mit Zucker und Zimt und Rosinen, alsdann rollt man ihn zusammen und schneidet Scheiben davon, die man eng aneinander legt, lässt sie aufgehen und backt bei guter Hitze goldgelb. Man gibt sie mit reichlich Vanilletunke.

Brösel-Pudding
150 Gramm Zucker und 4 Eigelb schaumig rühren. Dann 150 Gramm
Brösel mit Rum, Kognack oder Arrak anfeuchten. Zuletzt den Schnee,
Gewürze wie Zimt und Nelkenpfeffer, kochen oder in Auflauf backen.

Buttermilchspeise
¾ Liter Buttermilch, 90 Gramm Zucker, Saft ½ Zitrone, 7 Blatt weiße
Gelantine, 5 Blatt rote Gelantine oder Gustin-Pulver (dann rote Farbe)
(1 Liter – 30 Gramm Päckchen), kalt anrühren, heiß werden lassen,
nicht kochen. Die rohe Buttermilch mit dem Zucker gut verrühren, den
Zitronensaft hinzu, die Gelantine auflösen und heiß hineingeben. In
Formen füllen, nach dem Erkalten stürzen, mit Vanilletunke dazu.

Buttermilch-Creme
2 Liter Buttermilch, ¼ Pfund Zucker, 1 Prise Salz, 20 Blatt Gelantine,
etwas Zitronensaft. Einige Eigelb mit Zucker schaumig rühren, die auf-
gelöste Gelantine hinzu, unter ständigem Rühren die Buttermilch
hinzu. Wenn es anfängt zu stocken, etwas Sahne darunter ziehen. (etwas Zitronengeschmack). Man kann auch halb und halb färben [Gelan-
tine] und abwechselnd einfüllen. Hier keine Tunke extra. Dies nicht
stürzen, als Creme. Im Sommer sehr erfrischend.

KUCHEN

Marmorkuchen

½ Pfund Butter schaumig rühren, 6 Eigelb und 300 Gramm Zucker dazu, gut abrühren, 1 Pfund Mehl, 1 Päckchen Backpulver, 1 Tasse Milch, etwas Salz, zuletzt den Schnee (Teig dickflüssig). Man teilt den Teig in 2 Teile, zur 1. Hälfte gibt man 2-3 Esslöffel Kakao und etwas Backpulver. Nun füllt man in die gefettete und gestäubte Form den Teig und zwar immer einen Löffel von dem hellen und einen von dem dunklen Teig, bei der nächsten Lage auf den Hellen den dunklen. 1 Stunde Backzeit.

Schokoladenkuchen

½ Tasse Butter, 2 Tassen Zucker, 2 Eier, 1/8 Pfund Kakau, 5 Esslöffel gekochtes Wasser, 3 große Tassen Mehl, 1 Päckchen Backpulver, ½ Tasse Milch. Butter, Zucker und Eigelb schaumig rühren, Kakau im Wasser lösen und darunter geben, nach und nach Milch und Mehl, zuletzt den steif geschlagenen Schnee. Eine gute Stunde backen lassen.

Buttermilchkuchen

2 Tassen Haferflocken, 2 Tassen Griesmehl, 1½ Tasse Zucker, 5 Tassen Buttermilch, 1 Päckchen Backpulver, 3 Eigelb, Eiweiß zu Schnee.
Auf andere Art: ½ Liter Buttermilch, 1 Pfund Mehl, 150 Gramm Zucker, 2 Eier, 2 Päckchen Backpulver. Eier, Zucker und Buttermilch rühren, dann die anderen Zutaten, zuletzt den Schnee.

Marmeladen-Napfkuchen

125 Gramm helle Marmelade, 125 Gramm Zucker, 1 Fläschchen Rum-Aroma, 1 Teelöffel gemahlenen Zimt oder Anis, 1 Päckchen Vanilleso-ßenpulver, 1/8-¼ Liter entrahmte Frischmilch, 500 Gramm Mehl, 1

Päckchen Backpulver. Man rührt die Marmelade glatt und gibt nach und nach den Zucker und die Gewürze hinzu. Das Soßenpulver rührt man mit etwas Mich glatt und gibt es ebenfalls darunter. Das mit Backin gemischte Mehl siebt man hinzu mit der Milch. Man verwende nur soviel Milch, dass der Teig schwer vom Löffel fällt. Man füllt ihn in eine gut ausgefettete und ausgebröselte Form. Backzeit 60 Minuten bei schwacher Mittelhitze.

Linzer Kuchen
125 Gramm Mehl, 65 Gramm Haferflocken, 100 Gramm Zucker, 70 Gramm Butter, 1 Ei, ½ Päckchen Backpulver, ½ Teelöffel Zimt, 1 Prise Nelken, ½ Pfund Marmelade.

Eisenkuchen
250 Gramm Mehl, 3 ganze Eier, ¼ Liter Milch, davon einen leichten Pfannkuchenteig machen.

Sandkuchen
125 Gramm Butter, 200 Gramm Zucker, 3 ganze Eier, 180 Gramm Mehl, 60 Gramm Maizena, ½ Päckchen Backpulver, Zitrone, ½ Tasse Milch. Butter, Zucker und Eigelb schaumig rühren, dann das Mehl und den steif geschlagenen Schnee.

Eierkränzchen (Kuchen-Mürbeteig)
¼ Pfund Butter, ¼ Pfund Zucker, 3 Eigelb, Abgeriebenes von ½ Zitrone, 1 Teelöffel Backpulver, ½ Pfund Mehl. Die Zutaten alle gut verrühren, Kränzchen ausstechen, mit Eigelb, Hagelzucker und Marmelade bestreichen.

PLÄTZCHEN

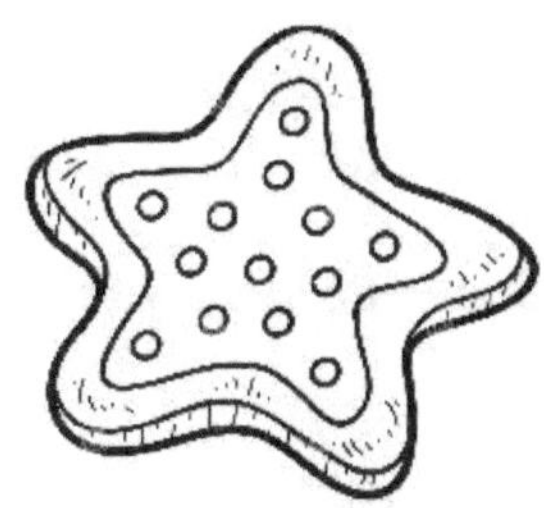

Spekulatius I
1 Pfund Butter, 1½ Pfund Zucker, 3 Eier schaumig rühren, 300 Gramm
geriebene Mandeln, 3 Pfund Mehl, 1 Päckchen Backpulver, 3 Teelöffel
Zimt, 1 Teelöffel Nelken und etwas Milch. Den Teig eine Nacht ruhen
lassen.

Spekulatius II
½ Pfund Butter schaumig rühren, ½ Pfund Zucker, 1 Ei, 1 Teelöffel
Zimt, 1 Pfund Mehl bei mäßiger Hitze backen.

Spekulatius III
250 Gramm Butter, 500 Gramm Zucker, 5 Eier, 2 Pfund Mehl, 2 Päckchen Backpulver, 1 Esslöffel Zimt, 1 Teelöffel Anis, Nelkenpfeffer, Koriander, etwas Muskatnuss.

Holländischer Spekulatius
2500 Gramm Mehl, 1½ Pfund Butter, 3 Pfund Zucker, Nelken, 30
Gramm Zimt, 2 Muskatnüsse, ¾ Liter Milch, abgebröselter Teig.

Gewürzplätzchen
1 Pfund Mehl, 1 Pfund Zucker, 6 Eier, 30 Gramm Muskat, 3 Gramm
gestoßene Nelken, 4 Gramm Zimt, 4 Gramm Kardoman, etwas Zitronenschale. Eier, Zucker, Gewürze werden ¼ Stunde gerührt und nach
und nach das Mehl hinzugegeben. Die Platte wird mit Wachs bestrichen, die Masse teelöffelweise daraufgesetzt und ungefähr 3 Stunden
vor dem Backen auf dem Blech stehen lassen und hellgelb backen.

Honigplätzchen oder Lebkuchen

4 ganze Eier werden mit 1 Pfund Zucker schaumig gerührt, längliche geschnittene Mandeln, 30 Gramm Zitronat und Apfelsinenschale, 1 Kaffeelöffel Zimt, etwas Nelken, ½ Muskatnuss und ½ Pfund lauwarmer Honig. Unter 2 Pfund Mehl werden 2 Messerspitzen Natron[11] gemischt, zu obiger Masse gegeben und gut verarbeitet. Man rollt den Teig aus, schneidet beliebige Stücke und backt sie bei mäßiger Hitze.

Teegebäck

200 Gramm Butter schaumig rühren, nach und nach 3 Eigelb und 200 Gramm Zucker, 350 Gramm Mehl, etwas Salz, ½ Tasse Flüssigkeit. Bei mäßiger Hitze backen.

Pfeffernüsse

4 Eier mit 1 Pfund Zucker schaumig rühren. 1 Pfund Mehl, 2 Teelöffel Zimt, ½ Teelöffel Nelken, 1 Teelöffel Pfeffer, 1 Messerspitze Hirschhornsalz, ausrollen, 1 cm dick ausstechen, 1 Nacht stehen lassen, morgens umdrehen, mit Rum oder Wasser befeuchten, bei schwacher Hitze backen.

Buttergebäck

¼ Pfund Butter, 300 Gramm Zucker, 3 Eier, 1¼ Pfund Mehl, ½ Päckchen Backpulver, Abgeriebenes einer Zitrone. Butter, Eier, Zucker schaumig rühren. Mehl mit Backpulver mischen und darunter rühren, dünn ausrollen, beliebige Formen ausstechen, mit Eier oder mit Milch bestreichen und in Zucker umdrehen.

Baseler Leckerli

2 Pfund Mehl, ¾ Pfund Kunsthonig, ½ Pfund Zucker, 1 Ei, 3 Teelöffel Natron, Nelken und Zimt nach Geschmack. Nach dem Backen mit Staubzuckerglasur bestreichen.

Nürnberger Lebkuchen

4 Eier mit 500 Gramm Zucker eine halbe Stunde schaumig rühren. Dann 500 Gramm geriebene Mandeln oder Nusskerne, 50 Gramm Zitronat, Zitronen- oder Apfelsinenschale, 1 Teelöffel Zimt, etwas Muskat

---

[11] Natron ist wie Backpulver und Sauerteig ein Backtriebmittel, allerdings ohne Säureanteil.

darunter kneten. Dick ausrollen und ausstechen und auf ein mit Mehl
bestäubtes Blech backen. Nach dem Erkalten werden sie mit Zuckerguss oder flüssigen Kuvertüre überzogen und mit buntem Zucker bestreut. Wenn die Lebkuchen braun sein sollen, gibt man 1-2 Esslöffel
Kakau darunter.

Iglauer Lebkuchen
2 Eier mit 180 Gramm Zucker schaumig rühren. 2 Esslöffel Honig, 375
Gramm Mehl, Schale und Saft einer Zitrone, 1 Teelöffel Zimt und Nelken, 1 Teelöffel Natron mit dem Anderen verkneten. Dick ausrollen, zu
runden Lebkuchen ausstechen, mit Eigelb bestreichen oder nach dem
Backen mit Zuckerguss überziehen.

Terassen
250 Gramm Mehl, 150 Gramm Butter, 80 Gramm Zucker, etwas Zimt, 1
Teelöffel Backpulver. Alle Zutaten zu einem Teig verarbeiten, ausrollen
und ausstechen. Vom ausgerollten Teig werden kleine runde Plätzchen
von 3-4 verschiedenen Größen ausgestochen. Nach dem Backen werden je 3-4 Plätzchen mit Marmelade zu Terassen aufeinandergesetzt
und dann mit Puderzucker bestäubt.

Nussmakronen
3 Eiweiß, 250 Gramm Zucker, 300 Gramm Nüsse. Eiweiß und Zucker
eine halbe Stunde schaumig rühren. Dann gibt man 250 Gramm geriebene Nusskerne dazu. Den Rest gebraucht man für die Verzierung.
Man formt von der Masse kleine Kugeln. Auf jede drückt man einen
Nusskern.

Rumhörnchen
45 Gramm Butter, 45 Gramm Zucker, 1 Ei, 1 Eigelb, 1 Esslöffel Rum,
etwas Backpulver oder 1 Prise Hirschhornsalz und Zitronenschale. Der
gerührte und dann geknetete Teich wird mit Hilfe von Hagelzucker zu
kleinen Hörnchen geformt, die mit Eigelb oder Milch bepinselt, in Hagelzucker oder Zucker rumgedreht werden.

Anisplätzchen

3 Eier mit 250 Gramm Zucker schaumig rühren, etwa 1 Stunde nach und nach 250 Gramm Mehl und Anis. Blech mit Wachs bestreichen, über Nacht trocknen lassen, bei schwacher Hitze backen.

Haselnusskonfekt

2 Eiweiß schaumig rühren, 200 Gramm Zucker, 200 Gramm Nüsse.

Nussstangen

25 Gramm Butter, 50 Gramm Zucker, 2 Eier, Vanille, 150 Gramm Nusskerne, 100 Gramm Mehl, ½ Teelöffel Backpulver. Butter und Zucker, Eier werden schaumig gerührt. Die übrigen Zutaten hinzugeben. Die Masse wird zu runden Stangen geformt, 6-8 cm. Mit Eigelb bestreichen und bei schwacher Hitze 10-15 Minuten gebacken.

Printen

½ Pfund Honig, ½ Pfund Zucker, 1 Pfund Mehl, 1 P. Backpulver, ½ Teelöffel Natron, ½ Löffel Anis, Zimt, Nelken, ½ Tasse Milch, Pfeffer, Muskat, gestoßenen Kandiszucker, Koriander. Honig erwärmen, Zucker darin schmelzen lassen, nach dem Abkühlen Gewürz und Mehl hinzufügen, ausrollen, längliche Streifen schneiden, mit Kaffee bestreichen und backen. Man kann auch nachher mit Zuckerguss bestreichen.

Haferflocken-Plätzchen I

2 Tassen Mehl, 2 Tassen Haferflocken, ½ Tasse Zucker, 5 Löffel Milch, 1 Teelöffel Backpulver, ¼ Pfund zerlassene Butter. Alle Zutaten verrühren, zuletzt die Butter darüber geben. Alles nochmals gut verrühren und mit dem Teelöffel kleine Plätzchen aufs Blech geben.

Haferflocken-Plätzchen II

200 Gramm Haferflocken, 1 ganzes Ei mit 100 Gramm Zucker schaumig rühren. Saft und Schale einer halben Zitrone. Alles tüchtig rühren, dann 2 Stunden stehen lassen, kleine Häufchen aufs Blech setzen und goldgelb backen.

Haferflocken-Klümpchen

½ Pfund Zucker, 3 Esslöffel Kakao, 1 Stich Butter, 5 Esslöffel Milch, 1 Päckchen Vanillezucker, 1 Esslöffel Rum. Das alles aufkochen lassen, abstellen und ungefähr ½ Pfund Haferflocken dazu geben und gut verrühren, auf Pergament und kühlen lassen.

Haferflocken-Makronen I
½ Pfund Butter schaumig rühren, 6 Eigelb und 300 Gramm Zucker dazu, gut abrühren, 1 Pfund Mehl, 1 Päckchen Backpulver, 1 Tasse Milch, etwas Salz, zuletzt den Schnee (Teig dickflüssig). Man teilt den Teig.

Haferflocken-Makronen II
½ Pfund Butter schaumig rühren, 2 Eier, ½ Pfund Zucker, 8 Esslöffel Milch, ½ Pfund Mehl, 1 Pfund Haferflocken, etwas Zimt und Zitrone, 1 Päckchen Backpulver. Mit einem Teelöffel auf ein gestrichenes Blech gesetzt und gebacken.

Zimtplätzchen
½ Pfund Butter, 1 Pfund Zucker, 3 Eier, ¼ Pfund Honig, Zimt, Nelken, fein gewiegte Mandeln, ½ Pfund Brösel, 1½ Pfund Mehl, 1 Päckchen Backpulver. Ringe ausstechen und mit Mandeln verzieren.

Buttergebäck
¼ Pfund Butter, 300 Gramm Zucker, 3 ganze Eier, Abgeriebenes einer Zitrone, ½ P. Backpulver, ⁵⁄₄ Liter Milch. Butter, Eier, Zucker schaumig rühren. Dann das mit Backpulver gemischte Mehl hinzu und etwas Milch, zuletzt zusammen kneten, ausrollen und beliebige Formen ausstechen, mit Ei bestreichen oder Milch. In Zucker legen, goldgelb backen.

Spritzgebäck
200 Gramm Butter, 200 Gramm Zucker, 3 ganze Eier, ½ Päckchen Backpulver, 1 Pfund Mehl, 1 Päckchen Vanillezucker. Alle Zutaten schaumig rühren, zuletzt das mit Backpulver gemischte Mehl darunter rühren. Dann auf ein gefettetes Blech spritzen, goldgelb backen.

Spritzgebäck mit Haferflocken
80 Gramm Fett, 100 Gramm Zucker werden schaumig gerührt. Dann gibt man 100 Gramm Mehl und 200 Gramm durch die Mühle gedrehte Haferflocken, 1 Teelöffel Zimt oder Abgeriebenes einer ½ Zitrone, ½

Päckchen Backpulver, 1/8 Liter Milch, ein Esslöffel Kakao, wenn die Plätzchen dunkel sein sollen. Der Teig wird mit einer Spritze aufs Blech gespritzt, in S-Form oder Ringe und hellgelb backen.

Vanillekipfeln ohne Ei
300 Gramm Mehl , 200 Gramm Butter, 70 Gramm Zucker, 100 Gramm Nüsse oder Mandeln. Davon einen abgebröselten Teig machen, in Hufeisen oder Kringel geformt. Nach dem Backen, wenn noch heiß, in Vanillezucker wenden.

Heidesand
250 Gramm Butter, 300 Gramm Zucker, 375 Gramm Mehl, 1 Teelöffel Backpulver, 1 [Päckchen?] Vanillezucker. Butter heiß werden lassen, den Zucker hinzutun, abkühlen lassen. Dann das Mehl hinzufügen und auf dem Backbrett fertig kneten, ein paar Stunden ruhen lassen, runde Rollen davon machen, Scheiben abschneiden und Backen.

Kekse I
½ Pfund Butter, 400 Gramm Zucker, 4 ganze Eier, 2 Pfund Mehl, 1 Päckchen Backpulver. Geschmack. Alles zusammen schaumig rühren, zuletzt das mit Backpulver gemischte Mehl darunter, dann dünn ausrollen mit Keksformen ausstechen, weißgelb backen. 1/8 Liter Rahm.

Kekse II
140 Gramm Mehl, 140 Gramm Kartoffelmehl, 40 Gramm Butter, ¼ Pfund Zucker, 1 Ei, etwas Rahm, Salz, Zitrone, 1 Messerspitze Natron.

Kekse III
60 Gramm Butter, 2 Eier, 250 Gramm Zucker, 600 Gramm Mehl, 1 Päckchen Backpulver.

Kekse IV
160 Gramm Butter, 250 Gramm Zucker, 2 ganze Eier, 1 Pfund Mehl, etwas Zimt, 4 Esslöffel Milch, ½ Päckchen Backpulver. Bearbeitung wie bei Keks I.

Mandelbögen
125 Gramm Mandeln werden so fein als möglich länglich geschnitten
und im Ofen getrocknet. In einer Schüssel mit 125 Gramm Zucker, 2
Eiweiß recht gut gerührt, gibt 20 Gramm Mehl und 10 Gramm Vanillezucker hinzu. Setzt kleine Häufchen aufs Blech, goldgelb backen. Dreht
sie noch warm über einen Holzstiel.

Gustin-Plätzchen
2 Eier, 2 Esslöffel Wasser, 100 Gramm Zucker, 1 Päckchen Vanillezucker, 75 Gramm Mehl, 50 Gramm Gustin. Man schlägt das Eigelb mit
dem Wasser und Zucker schaumig, es muss eine cremeartige Masse
entstehen. Das Eiweiß zu Schnee schlagen. Gibt ihn auf die Masse. Darüber das mit Gustin gemischte Mehl. Man zieht alles vorsichtig unter
der Masse. Mit zwei Teelöffel setzt man auf ein gefettetes mit Mehl bestäubtes Blech kleine Häufchen und backt goldgelb 10-15 Minuten.

Sandplätzchen
125 Gramm Mehl, 100 Gramm Butter, 1 Ei, 125 Gramm Zucker, 125
Gramm Kartoffelmehl. Butter, Ei und Zucker schaumig rühren. Dann
gibt man das mit ½ Päckchen Backpulver gemischte Mehl hinzu, rührt
alles gut durcheinander. Den Teig gibt man löffelweise auf ein gefettetes Blech, goldgelb backen.

Kleine runde Plätzchen
150 Gramm Butter, 150 Gramm Zucker, 2 Eier, 125 Gramm Mondamin,
250 Gramm Mehl, ¾ Päckchen Backpulver. Man macht einen abgebröselten Teig und formt kleine runde Kuchen, bestreicht eine Seite mit
Milch, legt dieselbe in Zucker, Zimt und Mandeln oder Nüsse, legt aufs
Blech und backt hellgelb.

Schwarz-Weiß-Gebäck
500 Gramm Mehl, 250 Gramm Butter, 200 Gramm Zucker, 2 Eier, 1 Prise
Backpulver, das Abgeriebene einer Zitronenschale. Dieser gut abge-
knetete Teig wird geteilt. Der einen Hälfte 3-4 Teelöffel Kakao, die gleiche Menge Puderzucker und etwas Milch oder süßen Rahm beifügen
und den Teig wie üblich durcharbeiten. Dann kann man ihn mit dem
weißen Teig zu Plätzchen verarbeiten.

Negerküsse
200 Gramm geriebene Haselnüsse, 2 steif geschlagene Eiweiß, 200
Gramm Puderzucker darunter mischen und etwas Vanillezucker beigeben. Aus der Masse kleine Häufchen auf ein gefettetes und bemehltes
Blech setzen und 20 Minuten backen. Nachher mit Schokoladenguss
beziehen und einige Mandelstifte.

Pralinen
½ Pfund Zucker, 6 Esslöffel Milch aufkochen lassen, ½ Pfund Haferflocken, 2 Esslöffel Kakau, paar Tropfen Rum.

Rum-Pralinen
1 Tasse Zucker, 6 Esslöffel Milch, 1 Tasse Haferflocken, 2 Teelöffel Kakau, 1 paar Tropfen Bittermandelöl, aufkochen lassen und dann formen.

Haselnussstangen
2 Eier, 25 Gramm Zucker, ½ Pfund Nüsse, 1 Päckchen Vanillezucker,
Saft von ½ Zitrone. Zubereitung: Wie bei Makronen, Teig zu schmalen
Streifen legen, mit Eiweißglasur bestreichen. Dann abbacken lassen.

Nuss-Plätzchen
Von 250 Gramm Butter, 1 Ei, ¼ Pfund Zucker, 1 Pfund Mehl, 1 Päck-
chen Vanillinzucker, ½ Päckchen Backpulver wird der Teig hergestellt.
Die Butter wird schaumig gerührt, nach und nach werden Zucker, Eier,
Vanillezucker und Backpulver hinzugegeben. Der Teig wird ausgerollt
und ausgestochen. Die Plätzchen werden mit Eigelb überstrichen, mit
Nussscheiben, Nussraspeln oder Hagelzucker verziert. Hellbraun ba-
cken lassen.

Brötchen
4 Pfund Mehl, Hefeteig verrühren, kneten, Teig aufgehen lassen, dann
wieder kneten und formen.

Spekulatius II

250 gr Butter, 500 gr Zucker, 5 Eier, ? M Mehl, 1 P.
Backp., 1 Eßl Zimt, 1 Tel. Anis, etw. Rosenschale,
Koriander, etwas Muskatnuß.

Schwarz- Weißgebäck.

500 gr Mehl, 250 gr Butter, 200 gr. Zucker, 2 Eier,
1 Prise Salz. Das abgeriebene einer Zitronenschale.
Diesen gut abgekneteten Teig wird geteilt. Der einen
Hälfte 3-4 Cacao, die gleiche Menge Puderzucker
u. etw. Milch od. süßen Rahm beifügen u. Den Teig
wie üblich durcharbeiten. Dann kann man ihn mit
dem weißen Teig zu Plätzchen verarbeiten.

Nußküsse.

200 gr geriebene Haselnüsse, 2 Stück geschlagene Eiweiß,
200 gr Puderzucker darunter mischen u. etwas Vanilla-
zucker beigeben. Aus der Masse kleine Häufchen auf
ein geölltes u. bemehltes Blech setzen u. 20 Min. backen
backen mit Schokoladenguß beziehen u. einige
Mandelstifte.

GETRÄNKE

Himbeersaft
4 Pfund ganz frische Himbeeren. In einem guten Liter kochend heißes
Wasser löse man 20 Gramm Weinsteinsäure auf und gieße dieses über
die Früchte. Nach 24 Stunden lasse man den gewonnenen Saft durch
ein Tuch laufen, aber nicht pressen. Zu dem Saft gibt man 5 Pfund feinen reinen Zucker, rührt ihn unter stetem Rühren löffelweise den Saft
bei. Es muss aber der erste Zucker stets geschmolzen sein. Man rührt
so lange, bis der Saft klar ist. Dann fülle man ihn in Flaschen, die man
gut verkorkt und aufrecht im Keller hinstellt. Ebenso bereitet man Saft
von Erdbeeren und Johannisbeeren.

Fruchtessig
Die Rückstände [der Früchte von der Saftgewinnung] übergieße man
[mit] Wasser und Essig zu gleichen Teilen, so dass sie von der Flüssigkeit bedeckt sind, presse sie durch ein Sieb und koche den Saft mit der
gleichen Menge Zucker. Dieser Fruchtessig mit Wasser gemischt liefert
ein sehr erfrischendes Getränk.

Himbeersaft (auf andere Art)
Ganz frisch gepflückte Himbeeren werden ausgepresst und gleich 1
Stunde gerührt. Dann 24 Stunden stehen lassen, den Schaum und Satz
wegnehmen und 14 Tage in einem Glasbehälter in der Sonne stehen
lassen. Dann den klaren Saft abgießen, in Flaschen füllen und zukor-
ken. Im Keller aufrecht stehen lassen.
Einfachere Art: Auf 1 Tasse Himbeeren 1 Tasse Wasser, auf 5 Tassen
Wasser 1 Teelöffel Weinsteinsäure, nach 24 Stunden filtrieren. Auf 1
Tasse Saft 2 Tassen Zucker, nachdem der Zucker gut verrührt ist, 1 Tag

stehen lassen, ab und zu rühren, damit sich Zucker und Saft miteinander verbinden. In Flaschen füllen und verkorken und verlacken. Statt Siegellack kann man auch Wachs nehmen.

Erdbeersaft
Frische Erdbeeren legt man auf ein Filtriertuch und streut schichtweise Zucker dazwischen und lässt dies längere Zeit stehen, den Saft füllt man in Flaschen und verkorkt sie, besonders gut sind Walderdbeeren.

Kirschsaft I
Man nimmt am besten nur saure Kirschen, entsteint und presst sie aus und lässt den Saft einige Stunden stehen, schüttet ihn dann vom Bodensatz klar ab und nimmt auf 2 Liter Saft 2 Pfund Zucker. Dann lässt man den Saft mit dem Zucker klar kochen, schäumt ihn gut, gibt etwas Salizil hinein und füllt in Flaschen.

Kirschsaft II
Auf 10 Pfund entsteinte saure Kirschen gibt man 2 Pfund Zucker und lässt eine Nacht ziehen. Am Morgen gibt man die Kirschen auf ein Sieb, lässt den Saft ablaufen. Die Kirschen füllt man in Gläser, den Saft lässt man nochmals durch ein Tuch laufen, kocht ihn auf und füllt in Flaschen, sterilisiert 20 Minuten auf 70 Grad. Auf den Kirschen noch etwas Wasser geben oder auch Zuckerwasser, kocht zu 20 Minuten auf 80-85 Grad.

Johannisbeersaft
6 Pfund Beeren, 40 Gramm Weinsteinsäure, 3 Liter Wasser, 9 Pfund Zucker. Schlehensaft: 5 Pfund Schlehen werden mit Wasser bedeckt solange gekocht, bis sie weich sind, dann gibt man sie in einem Weintopf mit 2½ Liter Wasser und 5 Gramm Weinsteinsäure. Am folgenden Tag gibt man das Ganze in ein Säckchen, lässt es gut durchlaufen ohne zu drücken. Man nimmt 1 Liter Saft zu 1 Pfund Zucker, stellt es aufs Feuer und lässt es nahe zum Kochen kommen, kochen soll der Saft nicht mehr, in Flaschen füllen und verkorken.

Erdbeer- und Himbeersaft
Auf 3 Liter Beeren schüttet man 2 Liter Wasser, welches mit 45 Gramm Weinsteinsäure gemischt ist, rührt in den [nächsten] 24 Stunden öfters

um und lässt den Saft durch ein Tuch laufen, zu ½ Liter Saft nimmt man 1 Pfund Zucker und rührt dies nochmals während 24 Stunden öfters um. In gut gefüllte Flaschen gibt man etwas Rum, spült hin und her und füllt den Saft hinein und bindet mit einem Mullläppchen zu.

Rosensaft

Frisch gepflückte Rosenblüten legt man in [ein] Zimmergefäß, drückt den Saft einer halben Zitrone daran, übergießt sie mit einer Obertasse voll kochendes Wasser, stellt sie einen Tag beiseite, presst sie durch ein Tuch, kocht sie mit 100 Gramm Zucker einmal auf und verwahrt ihn in einer Flasche. Wird zu verschiedenen Backwerken gebraucht.
Ebenso: **Veilchensaft**. Wenn man ungefähr ¼ Pfund Veilchenblätter hat, werden sie wie Rosen behandelt.

Holunderblütensaft

Zu 10 Liter Wasser 15 große Holunderblüten, 1 Trinkglas Essig, 2 Pfund blanken Kandiszucker, Saft und Schale von 2 Zitronen. Alles 3-4 Tage in einem Topf oder Kessel an einem kühlen Ort stehen lassen, täglich 2 mal umrühren, dann durch ein feines Tuch schütten, in Flaschen füllen, verkorken und die Korken verbinden. Nach 14 Tagen trinkbar und hält sich jahrelang. Die Flaschen müssen stehen, nicht liegen.

Holunderblütenlikör

7 Holunderblüten, 1 Liter Wasser, 2 Pfund Zucker, 1 Tasse Essig, 1 Zitrone 10-15 Minuten kochen lassen. Dann 8 Tage im Keller stehen lassen. Jeden Tag umrühren, in Flaschen füllen und gut verschließen.

Silvesterpunsch

1 Flasche Rotwein, 1 Liter guten Teeaufguss, ¾ Pfund Zucker, den Saft von 2 Orangen und 1 Zitrone, ein kleines Stückchen von einer Vanillestange, Arrak nach Belieben. Den Rotwein mit Zucker und Vanille erhitzen, dann den Teeaufguss, Früchtesaft und Arrak dazugeben und möglichst heiß servieren.

Mocca-Likör

¾ Liter Cognac, 2 Esslöffel Bohnenkaffee, 150 Gramm braunen Kandiszucker. Alles zusammen 8 Tage stehen lassen.

Apfelsaft

Apfelschalen trocknen, ¾ des Ein-Liter-Glases mit trockenen Apfelschalen füllen und reinem Wasser. 8 Tage stehen lassen, eventuell 1 Esslöffel Zucker.

Stachelbeerwein

Man verwendet, um guten Wein zu bekommen, nur recht gute, reife Beeren, welche beinahe durchsichtig sind. Man pflückt sie vollständig ab, säubert sie und presst sie vollständig aus. Zu dem durch Leinwand gegossenen Most gibt man nach Maß ebenso viel Brunnenwasser und setzt dann zu jedem Liter Flüssigkeit 250 Gramm guten Farinzucker[12] bei. Den Saft füllt man in ein Fass und legt dasselbe zum Gären im Keller, wobei die Spundöffnung mit einem Leinwandtuch zugedeckt ist. Das Tuch und die Öffnung müssen jeden Tag gereinigt werden. In einigen Tagen ist die Gärung vorüber. Man füllt das Fass bis oben an und verschließt es gut mit einem Pfropfen. Nach 6 Monaten kann man ihn in Flaschen füllen.

Johannisbeerwein

Für 38 Liter Wein rechnet man 15-20 Liter Beeren. Die zerquetschten Beeren lässt man 2 Tage in einem Holzgefäß oder Weintopf stehen. Dann presst man die Beeren durch ein leinenes Tuch und gibt nochmal reines Brunnenwasser auf die Beeren und presst sie nochmals. Dann gibt man von dem ersten Saft 1 Liter, von dem zweiten Saft 2 Liter, und gibt dieser Mischung 1 Kilo guten Zucker bei. Dann gibt man diese Mischung ins Fass und behandelt ihn wie anderen Wein.

Bier

5 Liter Wasser zum Kochen kommen lassen, 50 Gramm Malz-Kornkaffee, 50 Gramm Hopfen in ein Säckchen und 1 Stunde kochen lassen. 2 Gramm Wermuth in ein Läppchen und ¼ Stunde mitkochen lassen. Darnach lässt man es abkühlen und gibt 500 Gramm Zucker und 2 Gramm Hefe in einem Steintopf und darauf die abgekühlte Flüssigkeit,

---

[12] Farinzucker, auch als brauner Zucker bezeichnet, wird aus kristalliner Saccharose in Verbindung mit einer kleinen Menge Melasse hergestellt. Dabei wird ihm eine Lösung von Invertzucker, Sirup oder Karamell zugefügt, die für seine charakteristische Farbe verantwortlich ist. Im Gegensatz zu weißen Zucker, enthält dieser braune Zucker Spuren von Spurenelementen, Mineralstoffen und Vitaminen.

sie darf nur noch lauwarm sein. Man lässt dieses 1-2 Tage stehen und füllt es in Flaschen. Die ersten Tage in einem lauwarmen Raum und hernach im kalten Raum aufbewahren. Nach 14 Tagen bis 3 Wochen ist das Bier zum Gebrauche fertig.

Schlehensaft
5 Pfund Schlehen werden mit Wasser bedeckt, solange gekocht, bis sie weich sind. Dann gibt man sie in einen Steintopf mit 2½ Litern Wasser und 5 Gramm Weinsteinsäure. Am folgenden Tag gibt man das Ganze in ein Säckchen, lässt es gut durchlaufen ohne zu drücken. Auf 1 Liter Saft nimmt man 1 Pfund Zucker, stellt es aufs Feuer und lässt es eben bis zum Kochen kommen, kochen soll es nicht mehr. Man füllt es in Flaschen.

Schlehenwein
1 Kilo Schlehen, 1 Liter Wasser, welches vorher gekocht wird, kommt über die Schlehen. Das Ganze wird 5 Tage lang öfters umgerührt. Darnach seiht man es durch und setzt auf 1 Liter Wasser 1 Pfund Zucker zu und rührt solange, bis der Zucker vollständig gelöst ist. Die Flüssigkeit wird nun in ein Fass gefüllt und auf 6 Liter 1 Liter Branntwein zugesetzt. Nach einjährigem Lagern wird der Wein in Flaschen gefüllt. Die Rückstände von Schlehen können zur Essigbereitung verwendet werden.

Schlehen-Likör
Auf 6 Pfund Schlehen schüttet man 6 Liter kochendes Wasser und lässt es 24 Stunden stehen, gießt den Saft ab und kocht ihn auf. Alsdann kommt er wieder kochend über die Schlehen und lässt ihn nochmals 24 Stunden stehen. Hernach gießt man den Saft durch ein Filtriertuch, kocht den Saft und schäumt ihn gut ab, gibt 1 Liter Rum hinzu und 75 Gramm Zucker und lässt alles zusammen gut aufkochen und nach Erkalten in Flaschen füllen.

Holunderbeersaft
Die gewaschenen Dolden legt man in einen sauberen Topf, die Stiele nach oben und gießt kochendes Wasser darüber. Man kocht die Beeren 1 Stunde, schüttet sie zum Abtropfen auf ein ausgespanntes Tuch. Dann gibt man zu 3 Pfund Saft 1-2 Pfund Zucker, 1 große Stange Zimt

und 4 Nelken und kocht dieses nochmals ½ Stunde. Dann füllt man ihn in ausgeschwefelte Flaschen. Dieser Saft ist gut gegen Fieber.

Heidelbeer-Likör
Heidelbeeren werden gestampft und 2-3 Wochen im Keller stellen und täglich umrühren und darnach gut auspressen. Man nimmt auf 4 Liter Saft 1 Liter Wasser, 3 Pfund Zucker. 1 Stange Zimt und 3 Nelken. Dann lässt man alles zusammen tüchtig aufkochen und erkalten. Nun gibt man 1 Liter Kornbrand hinzu und füllt in Flaschen. Statt Branntwein kann man auch reinen Spiritus nehmen.

Hagebuttenwein
Man rechnet auf 1-2 Pfund Hagebutten 1 Pfund Zucker, 2 Liter Wasser. Der Zucker wird in Wasser aufgekocht und warm über die Hagebutten gegossen.

REZEPTE-INDEX

Anisplätzchen............................56
Apfel-Creme 46
Apfelcreme (auf andere Art)...46
Apfelsaft.................................65
Apfelsuppe 22
Arme Ritter 49

Baseler Leckerli......................54
Bayrisches Kraut.....................32
Bier 65
Biersuppe 21
Blumenkohlsuppe 22
Brandteig................................39
Brösel-Pudding 50
Brötchen 60
Buttergebäck.....................54, 57
Buttermilch-Creme 50
Buttermilchkuchen 51
Buttermilchspeise 50

Caramell-Creme 44
Champignon-Tunke 29
Crepes 36
Crepes auf andere Art 36

Dampfnudeln 41
Delikatess-Salat 34

Eier im Himbeermantel 39
Eier im Schlafrock 38
Eier in Senftunke 39
Eierkränzchen (Kuchen-
      Mürbeteig) 52
Eisenkuchen 52
Erdbeer- und Himbeersaft 63
Erdbeer-Creme 46

Erdbeersaft............................. 63
Erdbeertunke.......................... 29
Erdbeerzwiebäcke 48
Essig-Pflaumen 43

Festtagssalat.......................... 34
Fisch-Auflauf 24
Fischklops.............................. 25
Fisch-Puffer 25
Fischragout 24
Französische Suppe................. 23
Frikassee-Tunke 28
Fruchtessig............................. 62
Frühlingssuppe........................ 23

Gefüllte Eier 38
Gefüllte grüne Heringe........... 25
Gehirnsuppe 20
Gekochte Buttercreme 45
Gekochte Weincreme............... 45
Genfer Eier 39
Getreidemehlsuppe 22
Gewürzplätzchen 53
Grießmehlbällchen 40
Grundtunke braun.................... 27
Grundtunke hell...................... 27
Gurkenrollen........................... 42
Gustin-Plätzchen *59*

Haferflocken-Klümpchen....... 56
Haferflocken-Makronen I....... 57
Haferflocken-Makronen II 57
Haferflocken-Plätzchen I 56
Haferflocken-Plätzchen II....... 56
Hafergrütze-Suppe.................. 22
Hagebutten-Tunke................... 29

Hagebuttenwein 67
Haselnusskonfekt 56
Haselnussstangen 60
Heidelbeer-Likör 67
Heidesand 58
Heringe in Sülz 25
Heringssalat (für 6 Personen) . 34
Heringstunke 27
Himbeersaft 62
Himbeersaft (auf andere Art) . 62
Holländertunke 28
Holunderbeersaft 66
Holunderblütenlikör 64
Holunderblütensaft 64
Honigplätzchen oder
    Lebkuchen 54

Iglauer Lebkuchen 55
Italienische Fischsoße 26
Italienischer Salat 34

Johannisbeersaft 63
Johannisbeerwein 65
Juliana-Creme 47

Kaffee-Creme 45
Kalte Weincreme 45
Käsekartoffeln 33
Käseringe (Vorspeise) 37
Kekse I 58
Kekse II 58
Kekse III 58
Kekse IV 58
Kirschsaft I 63
Kirschsaft II 63
Klops von grünen Heringen ... 25
Kloß auf Obst 40
Königinsuppe 19

Lauchsuppe mit Kartoffeln und
    Reis 23
Linzer Kuchen 52

Mandelbögen 59
Marmeladen-Napfkuchen 51
Marmorkuchen 51
Meerrettichtunke 28
Mehlklöße 40
Mehlschmarren 37
Mixed Pickles 42
Mocca-Likör 64

Napoleon-Eier 39
Negerküsse 60
Nudelpudding, süß 44
Nürnberger Lebkuchen 54
Nussmakronen............................ 55
Nuss-Plätzchen 60
Nussstangen 56

Ochsenschwanzsuppe 19
Omelette 36

Petersilien-Buttersoße 26
Pfeffernüsse 54
Pflaumenklöße 37
Plätzchen, klein und rund 59
Plumpudding-Tunke 29
Polsterzipfel (für 10 Personen) 37
Pralinen 60
Printen 56
Profiten 37

Quarkbrötchen.......................... 47
Quarkhörnchen 47
Quarkkeulchen 47
Quarkküchlein 47
Quarkspeise 47

Reisberg.....48
Reisgelee.....48
Reisküchlein.....48
Reisspeise mit Apfelwein und Sultaninen.....48
Reisspeise, fein.....49
Rhabarber-Creme.....45
Rhabarber-Creme (auf andere Art).....45
Rosensaft.....64
Rotkraut mit Äpfel.....32
Rumhörnchen.....55
Rum-Pralinen II.....60
Russische Creme.....45

Sandkuchen.....52
Sandplätzchen.....59
Sardellentunke.....28
Sauerampfer-Suppe.....20
Scheiterhaufen.....37
Schellfisch gebraten.....24
Schinkenreifen.....38
Schlehen.....63
Schlehen-Likör.....66
Schlehensaft.....66
Schlehenwein.....66
Schneckennudeln.....49
Schokoladen-Creme.....45
Schokoladenkuchen.....51
Schwammklöße.....36
Schwarz-Weiß-Gebäck.....59
Sellerie-Gemüse.....32
Senfbutter.....28
Senfgurken.....42
Senftunke.....28
Silvesterpunsch.....64
Spanischer Reis.....49
Spargelsalat.....35
Spargelsuppe.....22
Spekulatius holländisch.....53

Spekulatius I.....53
Spekulatius II.....53
Spekulatius III.....53
Spritzgebäck.....57
Spritzgebäck mit Haferflocken.....57
Stachelbeer-Creme.....46
Stachelbeerwein.....65
Süße Suppen.....21

Teegebäck.....54
Teigerbsen mit Weinschaumsoße.....39
Terassen.....55
Tomaten grün.....43
Tomatenbrühe.....43
Tomatensuppe.....23
Tomatentunke.....28
Tunke zu Sülze.....29

Vanille-Creme.....46
Vanillekipfeln ohne Ei.....58
Veilchensaft.....64
Verlorene Eier (englisch).....38
Verlorene Eier auf Tomaten.....38
Verlorene Eier mit Speck.....39

Warm gefüllte Eier.....38
Wein-, Bier- und Obstsuppe.....21
Weinschaumsuppe.....22
Weinschaumtunke.....30
Weintunke.....29
Weißkraut mit Kümmel.....32
Weißweinsuppen.....21

Zimtplätzchen.....57
Zitronen-Creme.....46
Zitronenschaumtunke.....30
Zwiebeltunke.....27